# fartura
## EXPEDIÇÃO BRASIL GASTRONÔMICO

*(Continuação da Expedição Brasil Gastronômico)*

**PR ▪ ES ▪ AL ▪ RR ▪ AP**

A CADEIA PRODUTIVA GASTRONÔMICA

Rusty Marcellini e Rodrigo Ferraz

VOLUME 3

EDITORA MELHORAMENTOS

Fartura – Expedição Brasil Gastronômico.
  Texto de Rusty Marcellini e Rodrigo Ferraz; idealização de Rodrigo Ferraz.
  São Paulo: Editora Melhoramentos, 2015. (Arte Culinária Especial)

  ISBN 978-85-06-07842-6

1. Gastronomia. 2. Culinária brasileira. I. Marcellini, Rusty. II. Ferraz, Rodrigo.
  III. Série.

                                                                CDD 641.5

Índices para catálogo sistemático:
1. Gastronomia   641.5
2. Culinária – Receitas   641.5
3. Terroir – Culinária brasileira   641.59
4. Ingredientes – Culinária brasileira   641.59
5. Aptidões agrícolas – Gastronomia

TEXTOS E FOTOGRAFIAS: Rusty Marcellini
PESQUISA: Rusty Marcellini e Adriana Benevenuto
EDITOR: André Boccato
REVISÃO DE TEXTO: Dila Bragança de Mendonça
PROJETO GRÁFICO E DIREÇÃO DE ARTE: Dushka Tanaka, Carlo Walhof (estudio vintenove)

Equipe Expedição Fartura Gastronomia:
IDEALIZAÇÃO: Rodrigo Ferraz
REALIZAÇÃO: Arte Projeto Promoções
CO-REALIZAÇÃO: Salum Produções e Minardi Produções
PRODUÇÃO EXECUTIVA: Alexandre Minardi
COORDENAÇÃO: Rusty Marcellini
PRODUÇÃO: Adriana Benevenuto
DIREÇÃO E ROTEIRO (VÍDEOS): Rusty Marcellini
IMAGENS (VÍDEOS): Tatá Lobo, Lucas Campolina
OPERAÇÃO DE ÁUDIO: Felipe Côrrea
EDIÇÃO E FINALIZAÇÃO (VÍDEOS): Tatá Lobo e Daniel Silva
FOTÓGRAFOS: Rusty Marcellini e Adriana Benevenuto
MOTORISTA: Alexandre Caverna

FOTO DE CAPA: Cereais e grãos no Mercado Municipal de Curitiba.

© 2015 Editora Melhoramentos Ltda.

1.ª edição, julho de 2015
ISBN 978-85-06-07842-6

Atendimento ao consumidor: Caixa Postal 11541 • CEP 05049-970 • São Paulo • SP • Brasil
Tel.: (11) 3874-0880 • www.editoramelhoramentos.com.br • sac@melhoramentos.com.br

**EDITORA BOCCATO**

Editora Boccato (Gourmet Brasil) / CookLovers • Rua Italianos, 845 • Bom Retiro • CEP: 01131-000 • São Paulo • SP
Tel.: (11) 3846-5141 • www.boccato.com.br / www.cooklovers.com.br / contato@boccato.com.br
EDIÇÃO: André Boccato • COORDENAÇÃO EDITORIAL: Rodrigo Costa • COORDENAÇÃO ADMINISTRATIVA: Maria Aparecida C.
Ramos / Patrícia Rodrigues • COORDENAÇÃO DE PRODUÇÃO: Arturo Kleque Gomes Neto

Igarapé próximo do Rio Branco, Boa Vista, RR

# SUMÁRIO

Apresentação 12
A cadeia produtiva 16
A equipe da expedição 18
Agradecimentos especiais 20
Saiba mais 22

## Paraná 28
Em terra de barreado e cracóvia 30

### Biomas e Terroirs 36
O meliponário de Guaraqueçaba 38
As ostras da Ilha de Superagui 44

### Produtos e Produtores 50
A cracóvia de Prudentópolis 52
Biscoitos Jonker 54
Bala de banana 58

### Tradições Regionais 60
Barreado 62
Quirera lapiana 66

### Feiras e Mercados 68
No mercado municipal com Celso Freire 70

### Cozinheiros e Receitas 74
Manu Buffara – Shot de maracujá nativo e camarão imaruí 76
Celso Freire – Quirera lapiana com cracóvia 78

### Serviço 80

## Espírito Santo 82
Iguarias da serra e do mar 84

### Biomas e Terroirs 90
O siri da Ilha das Caieiras 92

### Produtos e Produtores 96
Heimen Coffee 98
Sítio dos Palmitos 102
Domaine Île de France 106
O socol do Sítio Lorenção 110

Bacia com goma e tucupi
Comunidade do Coração, Macapá, AP

Siris
Mercado da Produção, Maceió, AL

# SUMÁRIO

**Tradições Regionais 114**
Moqueca capixaba 116
Churrasco de frutos do mar 118
Brote 124
As paneleiras de Goiabeiras 130

**Feiras e Mercados 136**
Feira orgânica da Praça do Papa com Pablo Pavón e Bárbara Verzola 138

**Cozinheiros e Receitas 142**
Juarez Campos – Garoupa salgada com banana-da-terra e abóbora 144
Bárbara Verzola e Pablo Pavón – Almôndegas de banana verde e siri 146

Serviço 148

## Alagoas 150
Riquezas sertanejas e litorâneas 152

**Biomas e Terroirs 158**
Sururu 160
Ouriço e conchas da Costa dos Corais 166
Moluscos bivalves 170

**Produtos e Produtores 174**
Bolachas Maragogi 176
Queijo coalho 178
Engenho São Lourenço 182

**Tradições Regionais 188**
As cuscuzeiras de Muquém 190
Bolo de goma 194

**Feiras e Mercados 198**
Mercado da Produção com Wanderson Medeiros 200

**Cozinheiros e Receitas 204**
Jonatas Moreira – Filé de siri despinicado em emulsão de seu coral 206
Wanderson Medeiros – Carne de sol grelhada com pirão de queijo coalho 208

Serviço 210

## Roraima 212
No Brasil setentrional 214

**Biomas e Terroirs 220**
Os peixes do Rio Branco 222

# SUMÁRIO

**Produtos e Produtores 226**
Paçoca de carne 228
Molho de pimentas 230

**Tradições Regionais 232**
Damorida 234
Derivados da mandioca 238

**Feiras e Mercados 246**
Na Feira do Produtor Rural com Dona Kalu 248

**Cozinheiros e Receitas 252**
Damorida da Dona Kalu 254

**Serviço 256**

## Amapá 258
Gastronomia na linha do equador 260

**Biomas e Terroirs 266**
Pitu 268

**Produtos e Produtores 272**
Sorvete de tucumã 274
Derivados da mandioca 276

**Tradições Regionais 284**
Carne de tartaruga 286

**Feiras e Mercados 290**
Mercado de Pescados do Igarapé das Mulheres 292
Feira do Agricultor com Walt Disney 296

**Cozinheiros e Receitas 302**
Maria do Perpétuo Socorro – Pirarucu fresco com açaí e farinha de tapioca 304
Floraci Dias – Caldeirada mista de camarão pitu 306
Solange Batista – Farofa de tartaruga no casco 308

**Serviço 310**

**Versão em Inglês 312**

Agradecimento 335

Tucupi e pupunha
Feira do Agricultor, Macapá, AP

BR-277 no interior do Paraná

# APRESENTAÇÃO

O projeto de formar uma equipe para viajar pelo território brasileiro em busca das nossas riquezas gastronômicas foi concebido pelo empresário Rodrigo Ferraz em 2011. Nos dois anos seguintes, com o nome *Expedição Brasil Gastronômico*, profissionais de diferentes áreas pesquisaram, registraram e divulgaram a cadeia produtiva gastronômica em 12 estados. O resultado dessa viagem pode ser conferido no livro *Expedição Brasil Gastronômico* (volumes 1 e 2).

Em 2014, a expedição comandada pelo pesquisador Rusty Marcellini passou a se chamar *Expedição Fartura Gastronomia* e a fazer parte do projeto Fartura, cujo nome é uma referência à diversidade e às riquezas culinárias de nosso país. Seu objetivo é a promoção e o desenvolvimento da gastronomia nacional, reunindo e integrando produtos, produtores, chefs, indústria, mercados e apreciadores da boa mesa. Todo o conteúdo coletado nas viagens serve de base para a realização de eventos – como o *Festival de Gastronomia de Tiradentes* e o *Fartura BH* –, e é divulgado através de livros, documentários, redes sociais e programas de rádio.

Neste livro, o terceiro da série de viagens pelo país, revelamos o que a *Expedição Fartura Gastronomia* encontrou ao longo de três meses e milhares de quilômetros rodados no Paraná, no Espírito Santo, em Alagoas, em Roraima e no Amapá.

Maragogi, AL

# A CADEIA PRODUTIVA

Para a equipe da *Expedição Fartura Gastronomia*, a pesquisa da cadeia produtiva consiste em conhecer todos os elos envolvidos na gastronomia de determinado local, da exploração da matéria-prima à produção, passando pelos respectivos mercados e finalizando em uma receita preparada por um cozinheiro. Para facilitar a visão geral dessa cadeia, dividimos o entendimento dos processos nos seguintes tópicos: biomas e terroirs, produtos e produtores, tradições regionais, feiras e mercados, cozinheiros e receitas.

## BIOMAS E TERROIRS
O bioma é o espaço geográfico caracterizado e influenciado por aspectos climáticos, de vegetação, solo e altitude. Já terroir é um termo francês que significa território e é usado para designar um produto próprio cultivado dentro de uma área limitada.

## PRODUTOS E PRODUTORES
Nesta seção destacamos a relação de um profissional no manuseio de um produto artesanal ou industrial, seja durante seu cultivo, seja no seu aperfeiçoamento antes de chegar ao mercado.

## TRADIÇÕES REGIONAIS
Aqui revelamos hábitos enraizados por práticas históricas nos locais. Tais tradições são seguidas e partilhadas por várias gerações, validando a transmissão da cultura.

## FEIRAS E MERCADOS
Nesta seção revelamos os locais de venda e de exposição dos ingredientes e dos produtos. São os centros de distribuição que garantem que os produtos cheguem até o consumidor final.

## COZINHEIROS E RECEITAS
Por fim, apresentamos a última etapa da cadeia produtiva, na qual o cozinheiro manuseia determinado ingrediente ou produto pesquisado para, através de uma receita, criar um prato para o consumidor final.

Mandioca-brava

# A EQUIPE DA EXPEDIÇÃO

É um privilégio viajar pelo Brasil em busca das riquezas gastronômicas e culturais de nossa terra. A cada dia da expedição éramos surpreendidos com uma nova descoberta. Em Guaraqueçaba, no litoral paranaense, provamos mel de abelhas sem ferrão diretamente da colmeia. Já em Roraima estivemos com indígenas para descobrir como se faz o caxiri e a damorida, respectivamente uma bebida derivada da fermentação da mandioca-brava e uma sopa com pimentas, pedaços de peixes e tucupi preto. Tais experiências nos fizeram crescer como pessoas e enxergar um país rico e diverso.

Em três meses de viagem, a equipe constituída por mim, Rusty Marcellini (diretor e fotógrafo), Adriana Benevenuto (produtora), Tatá Lobo (cinegrafista), Lucas Campolina (cinegrafista), Felipe Côrrea (operador de áudio) e Alexandre Caverna (motorista) percorreu milhares de quilômetros em carros, barcos e aviões.

Em palavras carregadas de sotaques regionais, aprendemos sobre as várias etapas da cadeia produtiva. E, através do registro e da divulgação do trabalho de pessoas que lidam apaixonadamente com a gastronomia, esperamos poder criar uma identidade nacional que nos orgulhe como cidadãos brasileiros.

**Rusty Marcellini**
Coordenador da *Expedição Fartura Gastronomia*

Tata, Rusty, Adriana, Felipe, Lucas e "Caverna"
Praia de São Bento, AL

Franklin, Adriana e Rusty
Guaraqueçaba, PR

## AGRADECIMENTOS ESPECIAIS

A equipe da *Expedição Fartura Gastronomia* agradece aos chefs Rodolfo Mayer (*Angatu* – Tiradentes, MG), Pablo Oazen (*Garagem Gastrobar* – Juiz de Fora, MG), Thomas Troigros (*Olympe* – Rio de Janeiro, RJ) e Mara Salles (*Tordesilhas* – São Paulo, SP) por terem nos acompanhado durante a viagem. Saibam que foi um prazer tê-los como companheiros de jornada e que os momentos prazerosos à mesa serão guardados para sempre.

Rodolfo Mayer e Rusty Marcellini
Vitória, ES

Wanderson Medeiros e Pablo Oazen
Maceió, AL

Mara Salles
Macapá, AP

Thomas Troigros e Dona Kalu
Boa Vista, RR

# SAIBA MAIS

Em 2015 a *Expedição Fartura Gastronomia* irá percorrer os estados de Goiás, Tocantins, Pará, Maranhão e Piauí. Para acompanhar o trabalho da expedição pela internet ou entrar em contato com a equipe, acesse:

[f] farturagastronomia

[IG] @farturagastronomia

[YT] farturagastronomia

**Site:** <www.farturagastronomia.com.br>

Escargot da Domaine Île de France
Domingos Martins, ES

Cozinha do restaurante do Seu Lopes
Ilha de Superagui, PR

roraima

# A EXPEDIÇÃO – ANO 2014

amapá

alagoas

espírito santo

paraná

Barreado

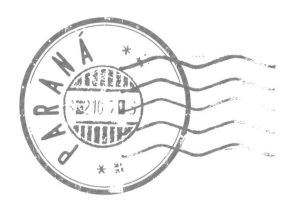

# Em terra de barreado e cracóvia

O primeiro compromisso no Paraná foi chegar cedo à Rodoferroviária de Curitiba para apanhar o trem para Morretes às oito da manhã. O passeio é uma deslumbrante experiência que adentra a exuberante Serra do Mar. No litoral paranaense conhecemos Marcelo, um doceiro que produz balas de banana, e aprendemos como é feito o barreado, prato símbolo do estado. Em viagem de lancha, seguimos para o isolado município de Guaraqueçaba, onde visitamos um meliponário de abelhas nativas, e para a Ilha de Superagui a fim de conversar com o Seu Lopes. Ele nos contou que cultiva ostras de mangue na baía em frente à sua casa e as prepara na churrasqueira de seu restaurante.

No interior do Paraná estivemos em Prudentópolis, cuja maioria dos habitantes é descendente de ucranianos. Lá o Luiz Alberto Opuchkevitch nos apresentou a cracóvia, um embutido suíno que representa a culinária paranaense. Na cidade histórica de Lapa provamos outro importante prato regional: a quirera lapiana. Para finalizar a viagem pelo interior do estado, visitamos em Palmeira a fabriqueta de biscoitos amanteigados da Astrid, uma sorridente senhora descendente de holandeses.

Em Curitiba, o chef Celso Freire nos guiou pelo mercado municipal e nos mostrou alguns dos ingredientes que utiliza em sua cozinha, como o pinhão e a quirera. Já Manu Buffara, chef do Manu, destacou a importância de valorizar os produtores locais. Em seguida ela preparou um shot de maracujá nativo com camarão imaruí e mel de abelhas nativas.

Trecho de ferrovia na Serra do Mar

Guaraqueçaba, PR

Meliponário
Guaraqueçaba, PR

Parque Tanguá
Curitiba, PR

Restaurante do Seu Lopes
Ilha de Superagui, PR

Ostras na brasa
Ilha de Superagui, PR

35

Pico Marumbi, PR

Éderson Holdizs

Colmeia de abelhas jataí

# AS OSTRAS DA ILHA DE SUPERAGUI

A viagem de barco até a minúscula comunidade de Barbados dura cerca de 90 minutos, saindo de Paranaguá. O conjunto de casas simples de alvenaria está dentro do Parque Nacional do Superagui, um santuário ecológico de 34 mil hectares, que é desconhecido pela maioria dos brasileiros e combina a imponência da Mata Atlântica com o exotismo do manguezal. A exuberância do ecossistema é uma das razões para conhecer Barbados. A outra, o restaurante do Seu Lopes.

Antônio Lopes diz viver na ilha "desde sempre". Assim como ele, a maioria das famílias de pescadores da comunidade nasceu ali. "São umas 20 casas. E tem família que vive aqui desde quando o Brasil era colônia", garante. Aos 70 anos e muito bem de saúde, o pescador conta que decidiu abrir o restaurante em meados dos anos 2000 para atender os parcos turistas que passavam pela região. Em seu cardápio é oferecido apenas aquilo que se encontra nos arredores: banana, mandioca e peixes como tainha, parati e robalo. Porém, o lugar ganhou fama por causa de outro prato que ali é servido: ostras do mangue assadas na brasa.

Enquanto as chamadas "ostras do Pacífico" encontradas na maioria dos restaurantes brasileiros são forasteiras, pois foram introduzidas no território nacional, as ostras do mangue são nativas. "Elas são catadas aqui na frente da minha casa", diz Seu Lopes apontando para a baía. "Primeiro eu cato as ostras no manguezal ainda pequenas. Depois é só deixar elas crescerem dentro de redes no mar por um ano." O pescador diz que é costume dos moradores de Barbados preparar as ostras na brasa. "Quando elas abrem com o calor, estão prontas." Basta então colocar gotas de limão e uma pitada de sal. Na boca, percebe-se que o sabor das ostras do mangue é levemente mais doce do que o das ostras do Pacífico.

Antônio Lopes

Balas de banana
Morretes, PR

# A CRACÓVIA DE PRUDENTÓPOLIS

Luiz Alberto Opuchkevitch é apenas um dos milhares de descendentes de ucranianos que vivem em Prudentópolis. Proprietário da Casa de Carnes Alvorada, ele conta que 80% da população local é composta por filho, neto ou bisneto de imigrantes ucranianos. Basta caminhar pelas ruas da cidade para perceber que a maioria das pessoas tem pele alva, cabelos louros e olhos claros. E muitos carregam um sotaque na hora de falar. "As primeiras casas construídas pelos ucranianos que vieram para cá eram chalés. Isso porque eles pensavam que aqui caía neve", diz Luiz soltando uma gargalhada.

Além da beleza dos moradores com traços europeus, Prudentópolis se tornou uma referência no Paraná por ser a terra da cracóvia, um embutido feito com carne de porco. "A cracóvia é o símbolo da cidade. Ela surgiu na década de 1970, quando meu tio Dionísio decidiu fazer uma mortadela diferente. Mas foi somente na década de 1980 que ganhou fama em todo o estado. Hoje há várias fábricas de cracóvia em Prudentópolis e em outras cidades do Paraná", diz Luiz.

O embutido é vendido na Casa de Carnes Alvorada em dois tamanhos: 600 gramas e 1 quilo. "Resumindo, é feito com carne de porco moída grossa e processada. Depois é enrolado em celofane e dependurado em um defumador", explica o empresário. Em relação ao nome do embutido, Luiz diz que foi sugerido por um descendente de polonês que era cliente do açougue. "Por que não o batiza de Cracóvia, que é uma cidade da Polônia?", perguntou o polonês. O tio de Luiz acatou a sugestão e desde então viu sua criação ganhar o estado. "E, sempre que alguém prova uma fatia dela pela primeira vez, costuma gostar e pedir outra", garante.

Luiz Alberto Opuchkevitch

## BISCOITOS JONKER

Quem chega à pequena fábrica Jonker, localizada em Palmeira, é subitamente arrebatado por um agradável aroma de biscoitos assando. Na espaçosa cozinha, funcionárias moldam biscoitos, esticam massas folhadas e retiram assadeiras do forno. A proprietária do lugar é Astrid Jonker. Descendente de holandeses, ela nasceu em Carambeí, cidade paranaense que recebeu milhares de imigrantes holandeses em meados do século 20. "Um deles foi meu pai, Gerard, e minha mãe, Wyntje", conta Astrid. "Na Holanda, meu pai era padeiro profissional com formação numa faculdade especializada em confeitaria", diz Astrid. "Se aqui no Brasil tem um bar em cada esquina, na Holanda tem uma confeitaria em cada esquina." A confeiteira conta que os pais tinham uma padaria e queriam que ela se tornasse padeira. Mas, por não gostar de acordar cedo, disse: "Eu prefiro fazer biscoitos. Porque com eles basta fechar o pacote e pronto: tem durabilidade". Astrid revela ter aprendido a assar com a mãe. "Foi ela quem me ensinou tudo. E continuo fazendo igual ao que aprendi. Tudo é feito com as mãos, e uso somente ingredientes de qualidade", garante. Ela conta que os produtos que mais tem orgulho de fabricar são: stroopwafels, bolacha semelhante a um waffle recheada com calda de caramelo; beschuits, torradas redondas assadas duas vezes para aumentar a durabilidade; e arnhense meisjes, biscoitos de massa folhada cobertos com açúcar cristal. Além dessas iguarias, Astrid diz que há pouco tempo criou um folhado recheado com goiabada. "Pois eu precisava ter um produto que fosse a cara do Brasil, né?"

# BALA DE BANANA

Uma das principais atrações turísticas do Paraná é o passeio de trem pela Serra do Mar entre Curitiba e Morretes. Depois de cruzar a Mata Atlântica, passando por cachoeiras, pontes e túneis, o turista é recebido na estação ferroviária por vendedores de balas de banana. Tanto em Morretes quanto na vizinha Antonina, várias famílias vivem exclusivamente da renda gerada pelo doce. Uma delas é a de Marcelo Cit. "Eu aprendi a fazer a bala quando era criança, com a minha mãe", diz o jovem doceiro. "Eu fazia a bala e vendia para os turistas na estação de trem, no mercado e na porta dos restaurantes que servem o barreado."

Marcelo diz que hoje, enquanto ele e seu pai, Leonardo, são os responsáveis pela produção da bala, sua esposa se encarrega da venda. O doceiro conta que antigamente sua família comprava cachos de bananas de terceiros. Mas, com o incremento da renda, ele passou a plantar bananas no fundo da casa dos pais. "Ela cresce fácil aqui na região. Tem pé de banana em tudo que é canto do litoral." Em pouco tempo, a família Cit conseguiu ter um bananal que atualmente gera uma produção de 100 quilos de doce por dia. Marcelo diz que o preparo do doce não tem segredo. "Dá trabalho. Mas, fazendo com cuidado, prestando atenção no fogo e mexendo o doce para não queimar, a bala fica boa", diz. Ele conta que inicialmente é preciso cortar o umbigo que pende do cacho, para a fruta ficar mais grossa. Ainda verdes, as bananas são retiradas do pé para amadurecer em estufa. "Elas só podem ir ao fogo quando estiverem pintadinhas de preto; bem maduras." O próximo passo é colocá-las no tacho, juntar açúcar e levar ao fogo a lenha. Quando o doce estiver no ponto, cerca de duas horas depois, retira-se o tacho do fogo para esfriar. Em seguida, a massa de banana é levada ao forno para secar. Por fim, espalha-se o doce sobre uma tábua e, quando frio, corta-se em quadrados. "Daí é só passar no açúcar, embalar e colocar para vender. E olha que vende tudo, viu?", conta sorrindo.

Marcelo e Leonardo Cit

Centro Histórico de Lapa, PR

# BARREADO

Um dos restaurantes recomendados para provar o prato que simboliza a culinária paranaense se encontra em Paranaguá. A Casa do Barreado, fundada em 1996, funciona em uma casa arejada com varanda e muita área verde. A chef-proprietária do lugar é Norma Freitas, que faz questão de manter viva a tradição de preparar o barreado conforme aprendeu com seus antepassados.

"Registros históricos mostram que o barreado surgiu há mais de 200 anos em sítios do litoral paranaense", conta a cozinheira. "Durante o ano todo os pescadores da região só comiam peixes e frutos do mar. Daí, para variar um pouco, em época de festas, faziam o barreado." Norma explica que o festejo se chamava "entrudo" e era semelhante ao carnaval nos dias de hoje. "Os caboclos dançavam o fandango e, para repor a energia, comiam o barreado."

O nome barreado vem da expressão "barrear", que significa vedar a panela de barro com um pirão feito com cinzas ou farinha de mandioca. É ele que evita que o vapor escape da panela durante o cozimento. Em relação aos ingredientes do prato, Norma diz ser essencial usar carne de segunda, como coxão mole, acém ou patinho. "É a carne que vai dar sabor ao caldo do cozimento. Deve-se cortá-la em cubos grandes e acrescentar à panela cebola, alho, tomate, pimenta-do-reino, cominho e sal", explica. Em seguida, veda-se a panela com o pirão e leva-se ao fogo baixo por algumas horas. Por fim, serve-se a carne com arroz, rodelas de banana e um pirão feito com o caldo do cozido misturado com uma farinha de mandioca bem fina.

Norma de Freitas

## QUIRERA LAPIANA

O município de Lapa, a 70 km de Curitiba, tem sua origem relacionada ao tropeirismo. Tempos atrás, a cidade servia de pouso para os tropeiros que iam de Viamão, no Rio Grande do Sul, para Sorocaba, em São Paulo, levando tropas de muares para venda. Atualmente, Lapa recebe turistas que visitam o centro histórico, cujo acervo é tombado pelo Instituto do Patrimônio Histórico e Artístico Nacional (IPHAN). Além de percorrer as ruas de paralelepípedos e fotografar os casarões coloniais, os visitantes podem desfrutar outra herança da época dos tropeiros: a quirera lapiana. Fundado em 1979 e comandado por Dona Rosa e seu filho Rodrigo, o Restaurante Lipski oferece em seu cardápio a quirera lapiana. Rodrigo explica que a quirera é um milho moído grosso. "É a sobra do milho, que deve ser cozida em água abundante. Quando cozida, tem a aparência de um mingau", diz. No estabelecimento, o prato é servido com costelinha frita, carnes defumadas, couve, tutu e arroz.

Rodrigo e Rosa Lipski

Mercado Municipal de Curitiba, PR

# NO MERCADO MUNICIPAL
*com Celso Freire*

O Mercado Municipal de Curitiba foi inaugurado em 1958 ao lado da rodoferroviária. Ali é possível encontrar dezenas de bancas que vendem frutas e verduras orgânicas, café em grãos, pimentas em conserva, farinhas, carnes, peixes e frutos do mar.

O chef Celso Freire, do Restaurante Zea Maïs, frequenta o mercado desde criança. "Comecei a vir aqui com o meu avô. E desde cedo aprendi que é a gente que tem que ir atrás das coisas, e não esperar que as coisas venham até você", diz, referindo-se à compra de ingredientes. Celso conta que o público do mercado é, em sua maioria, curitibano. "Não é um lugar muito frequentado por turistas. Aqui a gente encontra é a dona de casa fazendo as compras da semana ou um senhor de idade que precisa de uma pimentinha", diz.

Em uma banca de pimentas, Celso cumprimenta o feirante Paulo Takahara, que está no mercado há mais de 40 anos. O chef revela que aprendeu a gostar de pimentas com o avô: "Ele cortava no meio, tirava as sementes, tostava na chapa do fogão a lenha e guardava em um pote de vidro. Daí cobria com azeite e deixava a pimenta curtindo em um armarinho. Toda noite ele colocava algumas gotas na sua comida, na sua minestra".

Em uma banca de frutas, Celso examina mexericas e limões. "Nestes meses do ano dou valor às frutas cítricas", diz, referindo-se ao inverno. "A gente precisa valorizar os produtos de época. São mais gostosos e mais baratos." Em outro corredor, Celso para ao lado de sacos de aniagem com grãos. "Esta é a quirera", apresenta. "Ela veio com os tropeiros que iam em mulas do Sul para São Paulo. É um milho quebrado, uma polenta com granulação um pouco mais grossa. É um produto muito forte na nossa cultura e que adoro usar na minha cozinha", resume.

Paulo Takahara e chef Celso Freire

Batatas sobre trempe de ferro

Manu Buffara é paranaense de Maringá e chef do *Restaurante Manu*, em Curitiba. Possui formação de *Chef de Cuisine Restaurateur* pelo Centro Europeu. Manu já passou por alguns dos restaurantes mais renomados do mundo, como o dinamarquês *Noma* e o americano *Alinea*. Um dos objetivos de sua cozinha é valorizar os ingredientes e os produtores do Paraná.

# SHOT DE MARACUJÁ NATIVO E CAMARÃO IMARUÍ

Rendimento: 8 porções

## ingredientes

*8 camarões imaruí frescos e limpos*
*4 maracujás nativos cortados ao meio, reservar a polpa e a casca*

### MARINADA
*50 ml de suco de limão siciliano*
*50 ml de suco de maracujá nativo*
*100 ml de suco de laranja*
*1 ½ colher (sopa) de açúcar*
*48 ml de saquê mirim*
*10 g de cebola moagem*
*15 g de gengibre moagem*

### CRUMBLE DE MARACUJÁ
*50 g de manteiga*
*50 g de açúcar refinado*
*50 g de farinha de trigo*
*1 maçã pequena*
*Brotos de coentro para decoração*

## MODO DE PREPARO

**Marinada 1.** Misture todos os ingredientes e deixe marinando por 36 horas. **2.** Sele os camarões com um fio de óleo de canola por 4 segundos de cada lado (o objetivo é deixar levemente cru no meio). **3.** Fatie cada camarão em três pedaços e coloque-os de volta na marinada por uma hora, na geladeira.
**Crumble de maracujá 1.** Rale a maçã, coloque numa peneira e esprema até sair o suco. **2.** Misture a maçã aos demais ingredientes até ficar em ponto de farofa. **3.** Estenda numa fôrma com silpat ou papel-manteiga e leve ao forno preaquecido a 100 °C por 90 minutos ou até dourar e ficar sequinho. **4.** Retire do forno, deixe esfriar e quebre os crumbles com a ajuda de um pilão. **Finalização** Retire a película interna da casca de maracujá para usá-la como um copinho. • Coloque uma colher (chá) da polpa de maracujá. • Complete com o líquido da marinada e 3 fatias de camarão. • Polvilhe o crumble de maracujá na superfície e finalize com broto de coentro.
O ideal é que esse snack seja servido gelado para tomar num shot só.

Celso Freire nasceu em Colombo, região metropolitana de Curitiba. Formado em economia, chefiou a cozinha da Embaixada Brasileira em Londres e, de volta a Curitiba, o *Restaurante Boulevard*, que se tornou uma referência em todo o Brasil. É sócio-proprietário do *Zea Maïs* e dá aulas de *Chef de Cuisine Restaurateur* no Centro Europeu.

# QUIRERA LAPIANA COM CRACÓVIA

Rendimento: 10 porções

## ingredientes

*500 g de quirera de milho fina*
*120 ml de azeite de oliva*
*200 g de cogumelos-de-paris*
*250 g de mirepoix (cebola, cenoura, salsão e alho-porró)*
*75 ml de vinho branco seco*
*1300 ml de caldo claro de vegetais*
*1 maço de ciboulette*
*300 g de cracóvia fatiada fina*
*500 ml de caldo de carne escuro*
*150 g de manteiga*
*1 ramo de tomilho*
*Sal*
*Pimenta-do-reino*

## MODO DE PREPARO

**1.** Lave a quirera em água fria e deixe de molho por duas horas. **2.** Refogue no azeite todos os ingredientes do mirepoix. **3.** Junte a quirera escorrida e refogue bem. **4.** Acrescente o vinho branco. **5.** Misture e deixe secar por completo, sempre mexendo. **6.** Cubra a quirera com o caldo claro de vegetais e cozinhe em fogo baixo mexendo com cuidado para não grudar no fundo da panela. **7.** Acrescente o caldo claro aos poucos, até que a quirera esteja cozida. **8.** Acerte o sal e a pimenta-do-reino. **9.** Coloque a manteiga gelada e misture bem até dissolver por completo. **10.** Mantenha a panela aquecida. **11.** Refogue na manteiga os cogumelos picados bem miúdo. **12.** Junte o tomilho, o caldo de carne escuro e finalize com pedacinhos de manteiga gelada para encorpar o molho e dar brilho. **13.** Acerte o sal e a pimenta. **14.** Desidrate as fatias de cracóvia colocando-as entre folhas de papel-toalha e levando-as de minuto a minuto ao micro-ondas até que estejam bem crocantes. **15.** Finalize a quirera com a ciboulette picada. **16.** Transfira para uma travessa aquecida. Coloque as fatias crocantes de cracóvia de forma descontraída e regue com o molho de cogumelos.

# PARANÁ

## Serviço

**MELIPONÁRIO DE ABELHAS NATIVAS**
Av. Ararapira, 224
(41) 8463-6641 / (41) 9839-9471
Guaraqueçaba – PR

**RESTAURANTE DO SEU ANTÔNIO LOPES**
Comunidade de Barbados
(41) 9208-9495
Ilha de Superagui – PR

**CASA DE CARNES ALVORADA**
Rua São Josafat, 664, Centro
(42) 3446-1185
Prudentópolis – PR

**BOLACHAS HOLANDESAS JONKER**
Rua Judith Sotta Malucelli, 765 B-11, Centro
(42) 3252-1258
Palmeira – PR

**BALA DE BANANA**
Estrada do Anhaia, s/n
(41) 9206-1856
Morretes – PR

**CASA DO BARREADO**
Rua José Antônio da Cruz, 78, Ponta do Caju
(41) 3423-1830 / (41) 3423-3935
Paranaguá – PR
<www.casadobarreado.com.br>

**RESTAURANTE LIPSKI (QUIRERA LAPIANA)**
Av. Manoel Pedro, 1855, Centro
(41) 3622-1202
Lapa – PR
<www.lipskirestaurante.com.br>

**MERCADO MUNICIPAL DE CURITIBA**
Av. Sete de Setembro, 1865, Centro
(41) 3363-3764
Curitiba – PR

**RESTAURANTE ZEA MAÏS**
Rua Barão do Rio Branco, 354, Centro
(41) 3232-3988
Curitiba – PR
<www.zeamais.com.br>

**RESTAURANTE MANU**
Alameda D. Pedro II, 317, Batel
(41) 3044-4395
Curitiba – PR
<www.restaurantemanu.com.br>

Moqueca do Restaurante Gaeta
Guarapari, ES

# Iguarias da serra e do mar

Tão logo chegamos à serra capixaba, ficamos impressionados com a imponência de seu principal cartão-postal – a Pedra Azul –, uma imensa rocha granítica que pode ser vista de diferentes localidades ao redor de Domingos Martins. Foi no sopé da pedra que conhecemos o barista Vagner. Ele nos guiou pela Fazenda Fjordland, onde os cafezais são cultivados sob a sombra de palmeiras para prolongar o amadurecimento dos grãos.
Ainda na região serrana, conversamos com a francesa Isabelle, proprietária da Domaine Île de France, uma fazenda produtora de orgânicos, que inclui o cultivo de escargot; com o casal José e Bernadete, que mantém viva a tradição herdada dos imigrantes italianos de fazer o socol, um lombo de porco curado; e com o produtor rural Maurício, que planta e comercializa várias espécies de palmito. Concluindo a viagem no interior, fomos para Santa Maria de Jetibá para provar o brote, um pão feito com farinha de milho branco e tubérculos, que simboliza a culinária dos descendentes de pomeranos que habitam a região.
No litoral capixaba, conhecemos a Praia de Meaípe, onde estão ótimos restaurantes especializados em moqueca. Na cozinha do Gaeta, a cozinheira Idalina ensinou o passo a passo desse prato que simboliza a culinária do estado. Já no Guaramares, o restaurateur Vicente nos serviu um inesquecível almoço de lagostas e camarões grelhados.
Na capital, Vitória, apanhamos no aeroporto o chef Rodolfo Mayer (do Angatu, em Tiradentes), que nos acompanharia durante alguns dias na expedição. Com ele e os chefs Pablo Pavón e Bárbara Verzola, do Soeta, visitamos a feira de orgânicos da Praça do Papa. Na manhã seguinte, acompanhamos o trabalho das paneleiras de Goiabeiras, cujo ofício é tombado como patrimônio imaterial nacional. Na Ilha das Caieiras, passamos o dia com a família do Rogers, vivenciando a pesca do siri e o desfio de sua carne por senhoras de mãos habilidosas. No último dia de viagem, fomos ao centro culinário do chef Juarez Campos, do Oriundi, para aprender a preparar uma garoupa com banana-da-terra.

Domingos Martins, ES

Ilha das Caieiras
Vitória, ES

Convento N. S. da Penha
Vila Velha, ES

Sítio Lorenção
Venda Nova do Imigrante, ES

Restaurantes na Ilha das Caieiras
Vitória, ES

Região de Domingos Martins, ES

Rio Santa Maria na Ilha das Caieiras
Vitória, ES

# BIOMAS & TERROIRS
## ESPÍRITO SANTO

# O SIRI DA ILHA DAS CAIEIRAS

Ao contrário do que o nome sugere, a Ilha das Caieiras não é uma ilha, e sim um bairro banhado pelo Rio Santa Maria no noroeste de Vitória. Antiga sede de uma fábrica de cal, a localidade atrai turistas e moradores da capital que buscam saborear a comida regional nos restaurantes com vista para a Baía de Vitória. A ilha é ainda referência na cidade porque abriga inúmeras famílias que vivem da pesca e do desfio de siri.
Rogers Muniz é um dos muitos pescadores da ilha que aprenderam o ofício quando criança. "Foi meu pai quem me ensinou a pescar. Desde muito pequeno sempre gostei de sair com ele no barco. Só que naquela época a gente voltava com o barco cheio de siris. Hoje parece que eles estão sumindo", diz. Ao ser indagado sobre as diferenças entre siri e caranguejo, Rogers responde que "o siri tem duas patas nadadeiras. O caranguejo, não. Além disso, a gente pesca o siri com redes. Já o caranguejo é catado na lama do mangue".
Com o término da pescaria, Rogers atraca o barco e entrega à esposa um engradado de plástico com dezenas de siris. "Agora é com ela", diz o pescador. A desfiadora de siris dá continuidade ao beneficiamento dos crustáceos cozinhando-os numa panela imensa. "Antigamente as pessoas desfiavam o siri para consumo próprio. Hoje quase todas as desfiadoras fornecem a carne para restaurantes", conta. Após o cozimento, as patas e as carapaças dos animais são quebradas com martelos para a separação da carne. Por fim, o siri desfiado é embalado e guardado na geladeira antes de seguir para os restaurantes da ilha, onde será servido como casquinha ou sirizada.

Rogers Muniz

94

Socol
Venda Nova do Imigrante, ES

# HEIMEN COFFEE

A Fazenda Fjordland está localizada no sopé da Pedra Azul, imponente rocha granítica e principal cartão-postal da região serrana do Espírito Santo. É ali que se produz o Heimen Coffee, café considerado por especialistas como um dos melhores do Brasil. Vagner Uliana, barista e responsável pelos cafezais, conta que a razão do surgimento da fazenda foi a criação de cavalos da raça norueguesa Fjord. "A ideia do cultivo de café só veio depois, como uma alternativa para o uso do esterco dos cavalos", revela.
Vagner explica que os poucos mais de 15 mil pés de café arábica foram plantados sob a sombra de palmeiras e árvores de largo porte, pois o crescimento dos grãos em área sombreada prolonga o tempo de amadurecimento, tornando-os mais doces. "Outro diferencial é que toda a colheita é feita manualmente, grão a grão, apenas quando o fruto apresenta a coloração bordô, que é um pouco além da coloração cereja", diz.
Quem visita a Fazenda Fjordland pode acompanhar as diversas etapas do processo produtivo do café. É possível, por exemplo, conhecer as estufas de secagem, a tulha de armazenamento e maturação dos grãos e a cafeteria, onde acontece o processo de torra e moagem. Vagner revela que a produção de café da fazenda é bem pequena. "Apenas 400 quilos de café por ano." Em relação ao preparo da xícara, ele diz que prefere o café coado ao expresso, pois "assim é mais fácil sentir sua doçura e seu aroma floral".

# SÍTIO DOS PALMITOS

Em meados dos anos 2000, Maurício Magnago cansou da rotina urbana em Vitória e, ao lado da esposa, Cássia, decidiu se mudar para a serra capixaba. "Quando compramos o sítio, decidimos plantar tomates. Mas, ao assistir a uma reportagem sobre palmitos no *Globo Rural*, mudamos de ideia e optamos pelo cultivo de palmáceas", conta o produtor rural. No Sítio dos Palmitos, em Domingos Martins, Maurício cultiva, beneficia e comercializa palmito de diferentes espécies de palmeiras, como juçara, pupunha, açaí, real australiana e gueroba.

A extração do miolo comestível do caule das palmeiras foi condenada por ambientalistas durante décadas, porque o extrativismo predatório da palmeira juçara na Mata Atlântica implicava a ameaça da espécie. Maurício explica que atualmente o cenário é outro. "No passado, o consumo de palmito juçara correspondia a 90% do mercado. Hoje a maior parte do palmito é de açaizeiros." O produtor conta que, além dessa palmeira amazônica, o cultivo de outras espécies favorece a sustentabilidade do negócio. "A palmeira pupunha e a real australiana também rebrotam, permitindo vários cortes e uma produção contínua de palmito", diz Maurício. Para receber os visitantes, o produtor rural construiu uma área onde há degustação e venda de produtos. No local é possível comprar palmito beneficiado de diferentes maneiras. "Temos palmito cortado em lâminas retangulares para fazer lasanha, em finas rodelas como carpaccio, em tiras como se fosse espaguete", diz Maurício. Além disso, ele promove degustações que revelam as diferenças de sabor e a versatilidade entre uma espécie e outra. "O palmito pupunha é levemente mais adocicado que o palmito juçara. Já o gueroba é amargo." Em relação ao preparo, conta que, "enquanto o pupunha fica ótimo quando feito na brasa da churrasqueira, o juçara é ideal para conservas em salmoura".

Maurício Magnago

# DOMAINE ÎLE DE FRANCE

A Domaine Île de France é uma estação agroecológica que engloba um vale com lagos e nascentes, rodeado por montanhas na zona rural de Domingos Martins. A proprietária Isabelle Cicatelli revela que o nome do local é uma homenagem ao seu lugar de origem, a região administrativa Île de France, na França. Ela diz que a área foi comprada para que pudesse ter um sítio cercado por Mata Atlântica, onde se dedicaria ao cultivo de produtos orgânicos. Mas com o tempo percebeu que também gostaria de ensinar os benefícios da preservação do meio ambiente àqueles que adquiriam os seus produtos.

Atualmente a Domaine Île de France oferece aos seus visitantes uma estrutura com pousada, restaurantes e várias trilhas para caminhada. Isabelle diz que as pessoas podem ainda aprender sobre plantações e criações orgânicas. "Ensinamos, entre outras coisas, sobre a importância dos períodos de descanso de áreas cultivadas e como se dá a revitalização do solo", diz. Em relação aos produtos orgânicos, Isabelle cultiva "alface, agrião abobrinha, alho, berinjela, cenoura, quiabo, tomate, pimentão, brócolis, ervas finas, café, milho, feijão, laranja, uva, milho, amendoim e outros. Criamos porcos, frango caipira (a Domaine Île de France foi a primeira fazenda do país a receber esse certificado orgânico), coelhos, cordeiros e gado leiteiro para fazer queijos e manteiga". Outra peculiaridade da estação agroecológica é a prática de helicicultura, ou seja, a criação de caramujos – ou, como dizem os franceses, escargot. "Todos esses ingredientes são usados no preparo de pratos servidos na pousada e nos restaurantes. O escargot, por exemplo, é servido da maneira clássica francesa: assado com manteiga de alho e ervas, acompanhado de torradas", revela.

Escargots

Isabelle Cicatelli

109

# O socol do Sítio Lorenção

Uma das principais heranças da imigração italiana no Espírito Santo pode ser encontrada em Venda Nova do Imigrante. No Sítio Lorenção, o casal José e Bernadete mantém viva uma tradição vinda da região do Vêneto: a produção de socol. "O nome original dele era ossocollo, pois era feito com a cabeça do lombo do porco, que fica no pescoço – collo em italiano – do animal", revela José. Ele diz que a iguaria é semelhante ao capocollo italiano, mais conhecido no Brasil como copa. "Com o tempo e a mudança da pronúncia, o ossocolo passou a se chamar socol", explica.

José Lorenção diz ter aprendido a fazer o socol com a mãe, Cacilda. Ela, por sua vez, aprendeu a receita quando criança com a avó italiana. O produtor explica que inicialmente o lombo é salgado e colocado para descansar na geladeira por dois dias para perder água. O passo seguinte é lavá-lo, secá-lo e temperá-lo com pimenta-do-reino. Depois, envolve-se o lombo no peritônio do porco – a membrana que reveste os órgãos. "O peritônio mantém a umidade da carne durante a cura. Já a pimenta-do-reino age como conservante e repelente natural de insetos", diz José. A última etapa do processo é colocá-lo em uma rede elástica para dar o formato adequado. Segue-se, então, a cura em local com temperatura amena e alto índice de umidade. "Depois de cerca de seis meses, dá para sentir com o toque da mão se o socol está pronto. Se estiver, basta embalá-lo a vácuo e levá-lo para a venda".

Bernadete Lorenção, esposa de José, é a responsável da família por receber os visitantes. Ela diz que todos os que chegam ao sítio podem aprender o processo de produção do socol, visitar a sala de maturação e degustá-lo. "É preciso fatiar bem fininho e consumir em menos de quinze dias para não ficar duro", ensina Bernadete. Ela conta que o sítio produz cerca de 1.600 quilos de socol por mês e recebe, em média, 400 visitantes por semana. "Mas muito mais importante que vender o socol é manter viva a tradição herdada dos nossos antepassados." É por esse motivo que o município de Venda Nova do Imigrante está buscando o reconhecimento de Indicação Geográfica (IG) do produto através do Instituto Nacional de Propriedade Intelectual (INPI). "O socol é algo que nos identifica e protege a nossa cultura", enaltece Bernadete.

111

Bernadete Lorenção

114

Ingredientes do brote
Santa Maria do Jetibá, ES

# MOQUECA CAPIXABA

No Espírito Santo há um ditado popular que costuma ser dito para os turistas: "Moqueca é capixaba, o resto é peixada". A frase foi dita pela primeira vez pelo jornalista José Carlos Monjardim nos anos 1970 e expressa a passionalidade do espírito-santense pelo prato símbolo do estado.

A Praia de Meaípe, em Guarapari, se tornou conhecida nacionalmente quando eleita uma das dez praias mais bonitas do Brasil pelo *Guia Quatro Rodas*. A pacata vila de pescadores, de mar tranquilo e areia grossa, é também referência no país por abrigar alguns dos melhores restaurantes especializados em moqueca. Um deles é o Gaeta, fundado em 1966.

O restaurante com vista para o mar e mesas sobre chão de areia é comandado por Idalina Vieira e Nhozinho Matos. Ela é a responsável pela cozinha, e ele, pelo salão. Idalina diz não haver grandes segredos no preparo de uma boa moqueca. "Basta ter ótimos ingredientes e não inventar moda", conta. No preparo, algumas regras devem ser seguidas. "A moqueca tem que ser feita e servida em panela de barro. Deve-se ainda usar peixes do nosso litoral, como o badejo ou o robalo." Em relação aos ingredientes, Idalina diz utilizar apenas cebola, tomate, colorau e "coentro com fartura". Como acompanhamento, o restaurante oferece arroz branco, pirão e uma pequena moqueca de banana-da-terra, que a cozinheira inventou para um grupo de fregueses vegetarianos. "Hoje essa moquequinha é servida em quase todos os restaurantes de comida capixaba no estado", conta com orgulho.

Idalina Vieira

# CHURRASCO DE FRUTOS DO MAR

Fundado em 1986, o Guaramare é um dos restaurantes de frutos do mar mais aclamados do Brasil. E, apesar de não oferecer a tradicional moqueca capixaba em seu cardápio, conseguiu se tornar uma referência nacional servindo camarões, lagostas e peixes feitos na brasa. O responsável por atrair turistas de todo o Brasil para o restaurante é Vicente Bojovski, um macedônio que chegou ao país em 1982.

"Já fui de tudo e já trabalhei por todo lugar: em fábricas, restaurantes, lojas", diz Vicente, com fala mansa e sotaque carregado. "Rodei o mundo antes de chegar ao Rio de Janeiro, onde conheci a Nádia, minha esposa. Vim com ela para sua terra, o Espírito Santo, e me apaixonei por este litoral." Antes de se tornar restaurateur, Vicente era poeta e pintor. E até hoje ele faz questão de se dedicar às obras de arte em seu ateliê, localizado nos fundos do restaurante.

A decoração do Guaramare é rústica, com paredes de tijolos expostos e artefatos marinhos. Na hora do pedido, Vicente vai à mesa. Mas, antes de dar sugestões, gosta de exibir uma imponente bandeja de cobre com pargos e ciobas inteiros, camarões VG e lagostas graúdas. "Hoje quer comer o quê? Paella? Ou prefere uma massa com frutos do mar? Tem também um prato misto de grelhados e arroz à grega", diz. O macedônio explica que a preparação dos ingredientes se dá no calor da brasa de uma churrasqueira. Os peixes são grelhados com a cabeça e as escamas, as quais são retiradas somente na hora de servir, para não ressecar. Os camarões são feitos com a casca, para manter a suculência. E as lagostas são cortadas ao meio antes de serem preparadas. "Tudo é muito simples, pois eu quero que o freguês sinta o sabor do peixe, do camarão, da lagosta. Tempero demais só estraga a comida", diz. Quando pronto, o pedido é levado à mesa em uma imensa paellera. O prato é montado pelo próprio Vicente, que guarnece os frutos do mar com arroz à grega, batatas com salsinha ou tagliatelle na manteiga. Para finalizar, rega o prato com um delicioso molho à base de manteiga e alcaparras.

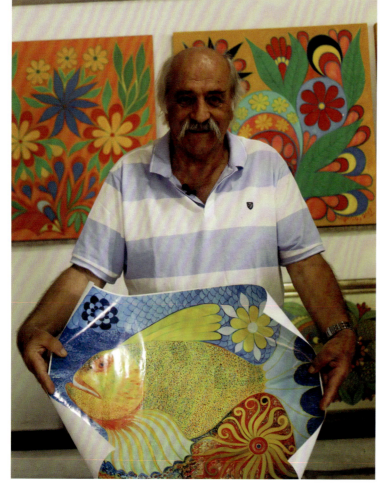

Restaurante Guaramare
Guarapari, ES

# BROTE

Na segunda metade do século 19, centenas de famílias alemãs vindas da antiga região da Pomerânia, atual oeste da Polônia, desembarcaram no porto de Vitória. Incentivados pelo governo brasileiro, os imigrantes seguiram para a serra capixaba para trabalhar na agricultura. Isolados nas montanhas e com pouco contato com o povo brasileiro, os colonos preservaram até os dias de hoje parte da cultura dos pomeranos, como o dialeto pomerod, os vestidos pretos das noivas e um pão chamado brote – ou broud.
Estima-se haver mais de 100 mil descendentes de pomeranos em cidades como Santa Maria do Jetibá, Santa Leopoldina e Vila Pavão, no Espírito Santo. Uma dessas pessoas é Angelina Kopp Schmidt, que vive na zona rural de Santa Maria do Jetibá. Entre suas especialidades está o preparo do brote, um pão redondo que leva fubá de milho branco em vez de farinha de trigo. "Quando os pomeranos chegaram na serra, eles não conseguiram cultivar o trigo por causa do clima quente. Então plantaram o milho."
Angelina conta que o brote costuma ser servido em dias de festas, como aniversários e casamentos. Seu nome pode variar de acordo com os ingredientes utilizados, podendo ser chamado de mijabroud (brote de milho) ou bananabroud (brote de banana). Ela ensina que, após a moagem do milho branco em moinho d'água, rala-se os demais ingredientes: cará, inhame, mandioca e batata-doce. "Os colonos introduziram esses ingredientes brasileiros na receita e acabaram gostando", diz a cozinheira. "Juntam-se fermento, ovos, sal e açúcar à massa. Antes de modelar o pão, tem que acender a lenha no forno de barro e deixar que ele aqueça bastante." O próximo passo é espalhar sobre o pão uma mistura de ovos e cará-moela, ou cará-do-ar, ralada. O brote, pesando mais de um quilo, é então colocado sobre folhas de bananeira e levado ao forno para assar. "Quando pronto, dura vários dias. E deve-se comê-lo com manteiga e mel ou com geleia caseira", explica Angelina.

125

Angelina Schmidt

Casa de descendentes de pomeranos
Santa Maria de Jetibá, ES

# AS PANELEIRAS DE GOIABEIRAS

As panelas de barro feitas por artesãs no bairro de Goiabeiras, em Vitória, se tornaram um dos principais símbolos identitários do Espírito Santo. Produzidas conforme a tradição secular indígena, as panelas exercem papel fundamental na culinária capixaba, pois nelas são preparadas e servidas as moquecas.

O ofício de paneleira é uma atividade predominantemente feminina, cujo saber é repassado de geração em geração, garantindo o sustento financeiro de inúmeras famílias. Berenícia Corrêa Nascimento, presidente da Associação das Paneleiras de Goiabeiras, conta que aprendeu a fazer panelas "quando criança, com a mãe. É algo que se aprende muito cedo". Fundada em 1987, a associação surgiu para defender e proteger os interesses das paneleiras. Sua sede funciona num galpão onde centenas de artesãs exercem o ofício e comercializam as peças produzidas. "A associação é um ponto turístico de Vitória. Os turistas que vêm à cidade sempre querem comprar panelas e ver como elas são feitas", diz Berenícia. A artesã destaca que desde 2002 o ofício das paneleiras de Goiabeiras está inscrito no Livro de Registro dos Saberes do Instituto do Patrimônio Histórico e Artístico Nacional (IPHAN), garantindo o tombamento da atividade como patrimônio imaterial do Brasil.

A artesã Gecilene Fernandes, parente de Berenícia, conta como são produzidas as panelas: "Tudo começa com a retirada da argila no Vale do Mulembá. Depois o barro é limpo e pisoteado para amaciar". A matéria-prima é então entregue às artesãs para a moldagem em formato de panelas. Segue-se a secagem ao ar livre, o polimento com seixos rolados e a queima em fogueira, a céu aberto, feita com material de sobras de construção, como ripas e tábuas. Por fim, as panelas, ainda quentes, são açoitadas com vassourinha de muxinga (planta silvestre rasteira comum na região) e passadas no tanino retirado da casca de árvores do manguezal que circunda o local. "É isso que dá a coloração preta da panela", explica. Após esse processo, as panelas seguem para os estandes de cada artesã dentro da associação e, após vendidas, seguem para diversos cantos do país.

Gecilene Fernandes

FEIRAS & MERCADOS
ESPÍRITO SANTO

Feira da Praça do Papa
Vitória, ES

# FEIRA ORGÂNICA DA PRAÇA DO PAPA
*com Pablo Pavón e Bárbara Verzola*

A feira orgânica da Praça do Papa, localizada na Praia do Suá, em Vitória, acontece semanalmente nas tardes de quarta-feira. A feira reúne produtores de orgânicos do entorno da capital, principalmente da região serrana. Os chefs Pablo Pavón e Bárbara Verzola, do Soeta, vão lá sempre que possível. "Gostamos de vir aqui tanto para comprar ingredientes de qualidade para o menu degustação do restaurante quanto para estabelecer contato com os produtores", diz Bárbara. Muitos dos feirantes são descendentes de pomeranos, povo que há várias gerações trabalha na agricultura, respeitando e valorizando o que a terra dá. Bárbara explica que a proposta do Soeta é utilizar ingredientes sazonais. "A gente tem o costume de vir aqui para saber quais produtos estão bons."

Pablo é equatoriano e veio morar no Brasil a convite da amiga Bárbara. Os dois se conheceram em 2008, na cozinha do El Bulli, na Espanha. "Em 2010, inauguramos o Soeta e, desde então, dividimos o comando da cozinha", conta a capixaba. Bárbara lembra que na época usou a feira para apresentar ao Pablo os produtos locais. "Foi aqui que vi pela primeira vez a taioba, a tapioca e o cará", diz o cozinheiro.

Ao percorrer as barracas, os chefs revelam quais produtos utilizam no cardápio do restaurante. "Com a azedinha, que é um pouco ácida, fazemos uma salada com tomates, chocolate e caqui", conta Pablo. "Usamos a taioba para fazer um nhoque. E com bananas verdes faço almôndegas recheadas com siri desfiado." Ele diz que a receita foi criada porque no litoral do Equador é comum as pessoas trocarem o pão do café da manhã por bolinhos de banana verde. "E no litoral capixaba todo mundo come siri. Eu quis unir essas duas culturas com esse prato", explica.

139

Chefs Pablo Pavón e Bárbara Verzola

141

Ciboulette e cebolinha

Juarez Campos é chef-proprietário do restaurante Oriundi, em Vitória, e membro da Associação dos Restaurantes da Boa Lembrança. Juarez estudou no Cordon Bleu, em Paris, e no Instituto de Culinária Italiana para Estrangeiros, no Piemonte. Atualmente dá aulas em faculdades de gastronomia de Vitória e é comentarista da rádio CBN.

# GAROUPA SALGADA COM BANANA-DA-TERRA E ABÓBORA

Rendimento: 6 porções

## ingredientes

*1,5 kg de filé de garoupa*
*100 g de sal grosso*
*6 tomates médios bem maduros, sem sementes e em cubos*
*3 cebolas médias em cubos*
*1 maço de coentro picado*
*3 bananas-da-terra maduras*
*500 g de abóbora vermelha em cubos pré-cozida (opcional)*
*4 colheres (sopa) de óleo de urucum (sementes de urucum fervidas com óleo)*
*½ xícara (chá) de azeite*
*1 xícara (chá) de caldo de peixe (feito com a cabeça do peixe, cebola, tomate, coentro, óleo de urucum e água)*
*1 maço de cebolinha verde picada*

## MODO DE PREPARO

**1.** Salgue os filés de garoupa com sal grosso e deixe na geladeira por 3 dias. Diariamente escorra a água que se forma. Na véspera do preparo, dessalgue os filés de garoupa em água fria, trocando a água de 4 em 4 horas (8 a 12 horas na geladeira) e corte em porções mais ou menos de 200 g. **2.** Numa panela de barro capixaba, aqueça o azeite e refogue metade da cebola. **3.** Acrescente a metade do tomate, do coentro e do urucum e refogue levemente. **4.** Arrume na panela os filés de garoupa, a banana e a abóbora, se for usar. **5.** Cubra com o restante do tempero e coloque o caldo de peixe. **6.** Deixe cozinhar os ingredientes e acerte o tempero. **7.** Acrescente cebolinha verde picada, regue com um pouco de azeite de oliva e sirva com arroz, pirão e pimenta-malagueta à parte.

A capixaba Bárbara Verzola e o equatoriano Pablo Pavón se conheceram na cozinha do El Bulli, na Espanha. Desde 2011, os dois dividem a cozinha do Soeta, em Vitória, restaurante especializado em cozinha contemporânea e premiado como o melhor do estado por revistas especializadas.

# ALMÔNDEGAS DE BANANA VERDE E SIRI

Rendimento: 4 porções

## ingredientes

**ALMÔNDEGAS**
2 bananas-da-terra verdes
100 g de siri desfiado
1 tomate
1 cebola
Coentro
Alho
Sal a gosto
Pimenta-do-reino a gosto
Óleo para fritar

**MOLHO CONCENTRADO DE SIRI**
12 siris frescos
1 cebola
1 tomate
10 g de alho picado
1 maço de coentro fresco
1 batata
Água
Óleo
Brotos de coentro para decorar

## MODO DE PREPARO

**Almôndegas 1.** Cozinhe as bananas até ficarem macias. **2.** Faça um purê e tempere com sal e pimenta-do-reino. **3.** Refogue o siri com cebola, alho, coentro e tomate. Reserve. **4.** Faça almôndegas com o purê de banana. **5.** Recheie com o siri e frite em óleo quente. **Molho concentrado de siri 1.** Esquente o óleo numa frigideira e acrescente os siris. **2.** Deixe cozinhar até ficarem bem dourados. **3.** Acrescente os temperos, inclusive a batata, e cubra com água. **4.** Deixe ferver até ficar um caldo saboroso. **Finalização 1.** Coloque em um prato fundo 100 gramas de caldo por pessoa e quatro almôndegas. **2.** Decore com brotos de coentro.

## Serviço

**HEIMEN COFFEE - FJORDLAND**
BR 262, km 89, Rodovia Ângelo Girardi (Rota do Lagarto), km 2,2, Pedra Azul
(27) 3248-0076 / (27) 3258-0054
Domingos Martins – ES
<www.fjordland.com.br>

**SÍTIO DOS PALMITOS**
**FAMÍLIA MAGNAGO**
Rod. Afonso Cláudio, ES 165, km 4, Alto Jucu, Pedra Azul
(27) 3248-3163
Domingos Martins – ES
<www.sitiodospalmitos.com.br>

**DOMAINE ÎLE DE FRANCE**
Rodovia ES 165, km 7,5
(27) 3248-3124 / (27) 3248-3128
Domingos Martins – ES

**SÍTIO LORENÇÃO**
BR 262, km 102, Tapera
(28) 3546-1130 / (27) 3546-2677
Venda Nova do Imigrante – ES

**RESTAURANTE GAETA**
Avenida Santana, 47, Praia de Meaípe
(27) 3272-1202
Guarapari – ES

**RESTAURANTE GUARAMARE**
Avenida Meaípe, 716, Nova Guarapari
(27) 3272-1300
Guarapari – ES
<www.guaramare.com.br>

**BROTE**
**SÍTIO SCHMIDT**
Rio Possmoser
(27) 99917-7210
Santa Maria de Jetibá – ES

**ASSOCIAÇÃO DAS PANELEIRAS DE GOIABEIRAS**
Rua Leopoldo Gomes Sales, s/n, Goiabeiras
(27) 3327-1366
Vitória – ES

**FEIRA ORGÂNICA DA PRAÇA DO PAPA**
Praça do Papa, Enseada do Suá
Vitória – ES

**SOETA RESTAURANTE**
Rua Desembargador Sampaio, 332, Praia do Canto
(27) 3026-4433
Vitória – ES
<www.soeta.com.br>

**RESTAURANTE ORIUNDI**
Rua Elias Tomasi Sobrinho, 130, Santa Lúcia
(27) 3227-6989
Vitória – ES

Sururu

# Riquezas sertanejas e litorâneas

Os dias de viagem em Alagoas começaram no sertão. Em Água Branca, a expedição visitou o Engenho São Lourenço, um dos raros engenhos de cana ainda em atividade no estado, que produz rapadura, melaço e alfenim. Em Batalha, aprendemos como é feito o queijo coalho, símbolo da culinária sertaneja. Já em União dos Palmares, conhecemos a comunidade quilombola de Muquém, onde a artesã Dona Marinalva faz cuscuzeiras de barro.

Durante a passagem pela capital, Maceió, passamos o dia com o pescador João Búia para acompanhar a cata e o beneficiamento do sururu na Lagoa Mundaú. No dia seguinte, fomos para a cozinha do Akuaba, para gravar a preparação de uma receita que usava coral de siri, com o chef Jonathas Moreira. No último dia na capital, estivemos no Mercado da Produção com Wanderson Medeiros, chef do Picuí. Ele apresentou à equipe e ao chef Pablo Oazen (do Garagem Gastrobar, de Juiz de Fora), que nos acompanhava, alguns dos seus fornecedores, como o Seu Déda, que entregam manteiga de garrafa e queijo coalho. Do mercado, seguimos para o Picuí para que Wanderson nos mostrasse os segredos do preparo de uma carne de sol de qualidade.

No litoral norte do estado, visitamos a fabriqueta da bolacha Maragogi, símbolo da cidade de mesmo nome. Na comunidade de São Bento, a quitandeira Dona Marlene nos recebeu em sua cozinha para contar como é feito o bolo de goma. Na frente de sua casa, conversamos com senhoras que coletam conchas catadas no mar. Por fim, em São Miguel dos Milagres, o pescador Adriano nos levou para apanhar ouriços-do-mar para, em seguida, prepará-los assados numa churrasqueira montada na areia da praia.

Fazenda Arizona
Batalha, AL

Maragogi, AL

154

Major Isidoro, AL

Jarapatinga, AL

Pescadores na Praia de Porto de Pedras, AL

Porto de Pedras, AL

# BIOMAS & TERROIRS
## ALAGOAS

# SURURU

O nome Alagoas é uma referência às várias lagoas próximas ao litoral do estado. Uma das maiores é a Lagoa Mundaú, que gera renda para inúmeras famílias através da cata e do beneficiamento do sururu, um pequeno molusco bivalve usado na culinária alagoana. "Ele vive em águas salobras, enterrado na lama dos manguezais ou no fundo das lagoas", explica o pescador João Búia. "E quase todos os bares e restaurantes de Maceió usam o sururu da Lagoa Mundaú."
João Búia diz que a cata do sururu depende da tábua das marés. "Tem que ser na maré baixa. É por isso que tem dias que o pescador entra na canoa ainda de madrugada", conta. "Quando nós chegamos ao local da lagoa onde há sururu, jogamos a âncora, descemos da canoa e, com as mãos, começamos a tirar o sururu do lamaçal."
A canoa, pouco a pouco, vai se enchendo de uma mistura de lama e conchas pretas. João explica que a lavagem dos moluscos acontece somente após o retorno à margem da lagoa. Depois dessa etapa, o sururu é entregue às despinicadeiras, mulheres, que executam a tarefa de separá-los, cozinhá-los em água fervente e retirá-los das conchas.
O beneficiamento do sururu foi recentemente registrado pelo Conselho Estadual de Cultura do estado como Patrimônio Imaterial de Alagoas.
João Búia diz que a paixão dos alagoanos pelo molusco é tão grande que "existem concursos que elegem o melhor caldinho de Maceió". "A maioria das receitas leva os mesmos ingredientes: alho, cebola, tomate, o sururu, leite de coco, dendê e cheiro-verde. Mas sempre tem um cozinheiro com a mão melhor do que o outro, né?" Quando perguntado sobre o vencedor de melhor caldo de sururu da capital, João diz ser o bar Massagueirinha, localizado no bairro de Ponta Verde.

161

162

165

# OURIÇO E CONCHAS DA COSTA DOS CORAIS

A Área de Proteção Ambiental (APA) Costa dos Corais foi criada em 1997, com o objetivo de preservar e proteger o ecossistema da segunda maior barreira de corais do mundo (atrás apenas da Austrália). Com extensão de 130 km, a faixa se estende de Paripueira, a 40 km ao norte de Maceió, até a Praia de Tamandaré, no litoral sul de Pernambuco. Quem mergulha nas águas mornas e transparentes das piscinas naturais durante a maré vazante costuma encontrar uma rica biodiversidade marinha, como polvos, lagostas, ouriços e moluscos bivalves.

CHURRASCO DE OURIÇO
O pescador Adriano dos Santos é morador da Praia de Porto da Rua, em São Miguel dos Milagres, uma das mais belas praias do país. Ele conta que a região é visitada por turistas por causa da larga faixa de arrecifes de corais intermeados por piscinas naturais. Em meio à formação calcária pode-se encontrar uma grande quantidade de ouriços-do-mar. "Mas quase ninguém aqui, a não ser um ou outro pescador, tem o costume de comê-los. E eles também não são encontrados nos cardápios dos restaurantes."
Felizmente, Adriano é um dos moradores que sabem como coletá-los e prepará-los. Com a ajuda de duas hastes de ferro, usadas como pinça, o pescador retira os ouriços dos corais e os guarda dentro de um saco de aniagem. Minutos mais tarde, em um bar de frente para a praia, Adriano acende bastonetes de carvão numa pequena churrasqueira. "Conheço duas maneiras de comer o ouriço. A primeira é crua. Basta abri-lo ao meio com uma tesoura, retirar a parte alaranjada – que constitui as gônadas do animal – e temperar com sal e limão. A outra, que eu gosto mais, é fazer um churrasco de ouriço.
A gente assa um punhado deles na brasa por cinco minutos e depois come com pãozinho e azeite", diz. O sabor, conta Adriano, é uma mistura do salgado do mar com algo levemente adocicado.

Adriano dos Santos

MOLUSCOS BIVALVES

Na praia de São Bento, em Maragogi, as catadoras de conchas saem para trabalhar somente na maré vazante. "Dependendo do dia, durante duas ou três horas, a gente consegue encher um balde de vôngoles", conta Maria, que nasceu e cresceu no litoral norte de Alagoas. A marisqueira diz que a região é rica em moluscos bivalves – animais invertebrados constituídos por duas conchas protetoras. Apontando para uma concha grande e escura na sua mão, diz "essa aqui é a taioba" – também conhecida como tarioba ou lambão em outros estados. "Tem gente que acha que é a mesma coisa que a lambreta. Mas não tem nada a ver. A taioba é mais gordinha, tem mais carne e é mais gostosa", explica. Maria diz que vende os mariscos nas ruas do vilarejo onde mora ou, durante a alta temporada, na praia para os turistas, que costumam preparar os vôngoles com azeite e alho para comê--los com arroz ou pão.

Catadoras de conchas na Praia de São Bento
Maragogi, AL

Rosa de alfenim e blocos de rapadura

# BOLACHAS MARAGOGI

A Bolacha Maragogi se tornou o principal quitute do município de mesmo nome, que fica no litoral norte de Alagoas. A bolacha é encontrada em várias padarias da cidade e em praticamente todas as mesas de café da manhã nas pousadas da região. Serviu ainda para divulgar o nome do balneário para outros territórios, pois é vendida em supermercados de Pernambuco e Maceió.
O surgimento da bolacha aconteceu na década de 1950, quando o comerciante Claudinei Lira Pinto inventou uma receita de biscoitos folhados e amanteigados em versões doce e salgada para vender em sua padaria. Com o tempo, a bolacha foi conquistando a clientela. A solução para o aumento da demanda foi abrir uma fábrica às margens da rodovia AL-101. Hoje a responsabilidade pela produção da bolacha é dos descendentes de Claudinei, que garantem seguir a receita aprendida com o pai. Ao lado da fábrica há uma pequena loja para que os visitantes possam comprar pacotes da bolacha ou prová-la com um cafezinho.

177

## QUEIJO COALHO

O queijo coalho é o mais conhecido e consumido queijo do Nordeste brasileiro. Em Batalha, cidade que pertence à bacia leiteira de Alagoas, está a Fazenda Arizona, produtora desse símbolo da culinária sertaneja. "É um queijo de massa branca que leva pouco sal e tem um certo 'azedozinho'", conta Abelardo Rodrigues, proprietário da fazenda. "Nós fazemos o queijo com leite cru e damos o formato redondo. Mas tem lugares em que aquecem o leite e o moldam em formas retangulares." O agropecuarista diz que aprendeu o ofício com o avô. "Fazer queijo é algo bem antigo nesta região. Surgiu junto com as primeiras fazendas do sertão, séculos atrás."
Abelardo conta que a raça de suas vacas é a holandesa. "Elas dão um leite menos gordo que a Jersey, mas têm um período maior de lactação.
E também se adaptaram muito bem ao sertão", revela. Imediatamente após a ordenha mecânica, o leite segue para a queijaria. "O ideal é que o leite não seja resfriado. Aqui na fazenda, o coalho é colocado no leite com menos de cinco minutos de ter saído da vaca." O alagoano explica que, depois de o leite ter sido coalhado e se transformado em uma massa compacta, esta é cortada, coada e salgada. Segue-se a moldagem em forma redonda e o embalo. "O pessoal daqui gosta de queijo novo, com quase nenhum tempo de maturação. Mas pra mim o ideal é que ele descanse pelo menos uma semana antes de ser provado, pois terá mais sabor."
Apesar de a fabricação do queijo coalho ser relativamente simples, seu uso na culinária apresenta possibilidades extraordinárias: pode ser servido como recheio de tapioca; assado na brasa, como acontece nas praias do Sudeste; cortado em cubos e misturado com feijão-verde, arroz branco e carne-seca para incrementar o baião de dois; cozido com leite e farinha para engrossar o pirão; ou derretido e coberto com melaço de cana para fechar uma refeição.

# ENGENHO SÃO LOURENÇO

O Engenho São Lourenço está situado em Água Branca, no sertão alagoano. Ao contrário do que muitos podem vir a pensar, a temperatura da cidade é amena, e a umidade é alta. As características do clima e a fertilidade do solo fizeram dessa região uma das mais propícias do Brasil para o cultivo de cana-de-açúcar. "Quando eu era criança e ajudava o meu avô a fazer rapadura, havia muitos engenhos por aqui", conta o produtor rural Maurício Brandão. "Agora o nosso é um dos últimos que ainda produzem." Se antigamente a rapadura era um produto valorizado, hoje perdeu espaço para o açúcar industrializado. "As pessoas querem o açúcar branco e com isso a cultura de fazer a rapadura e o açúcar mascavo vai desaparecendo."

Maurício conta que o funcionamento do engenho acontece somente durante a safra da cana, entre setembro e abril. Ele revela que o processo de produção de rapadura se inicia com a moagem da cana e a extração da garapa. "O bagaço é usado no fogo para aquecer as caldeiras e ferver o caldo", diz o alagoano. "Ao longo da fervura, os funcionários apuram a garapa retirando a espuma com as impurezas da superfície." Horas depois, Maurício começa a prestar atenção ao ponto da rapadura. "É no olho mesmo, analisando a espessura do fio que escorre da concha." Após alcançar o ponto correto, o melaço é colocado num cocho de madeira, para resfriamento. Por fim, vai para as fôrmas para se solidificar.

Além dos blocos de rapadura, o Engenho São Lourenço produz mel de engenho (ou melaço de cana), açúcar mascavo e alfenim. Maurício diz que cada um desses produtos tem um ponto diferente de fervura. "O mel é retirado ainda cedo no processo. Já o açúcar é o último. O engraçado é que muita gente pensa que o açúcar mascavo é a rapadura moída. Mas uma coisa não tem nada a ver com a outra. O açúcar são os cristais formados pela sacarose." Sobre o alfenim, ele explica que é feito da mesma maneira que a bala de coco: esticando a massa até ficar esbranquiçada. "É uma espécie de bala puxa-puxa. É uma tradição muito bonita ver as senhoras esticando o açúcar com as mãos. Além disso, aqui no engenho elas fazem um alfenim que lembra uma rosa", conta com orgulho.

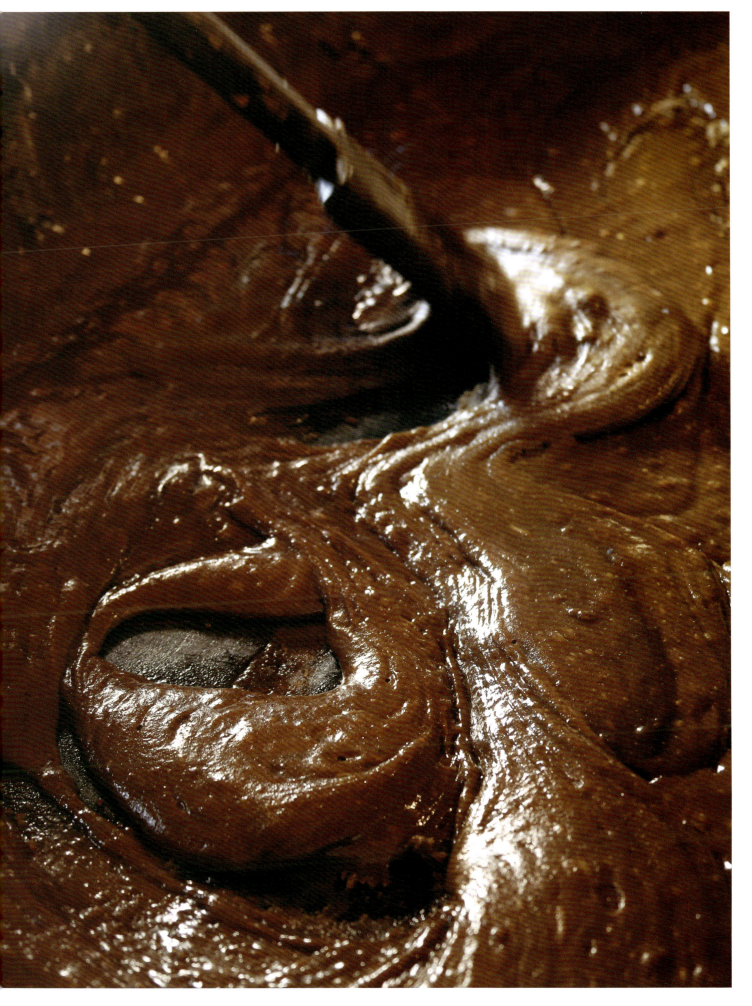

187

Bolo de goma

# AS CUSCUZEIRAS DE MUQUÉM

Dona Marinalva é uma das poucas artesãs da comunidade quilombola de Muquém, em União do Palmares, que mantêm viva a tradição de fazer cuscuzeiras. O ofício de modelar à mão o barro retirado do Rio Mundaú, instituído há mais de dois séculos, corre o risco de acabar por não ter sido passado para a próxima geração. "Tenho 5 filhos e mais de 20 netos. E só uma netinha de 12 anos sabe fazer as cuscuzeiras. Mas ela tem que ir pra escola estudar e só me ajuda de vez em quando", conta a ceramista, entristecida. Wanderson Medeiros, chef-proprietário do Picuí, restaurante em Maceió especializado em culinária nordestina, é um defensor fervoroso do ofício de Dona Marinalva. Ele conta ter conhecido a comunidade de Muquém quando em companhia do amigo e chef Guga Rocha. "O Guga estava fazendo um livro sobre cozinha quilombola e me convidou para acompanhá-lo. Foi assim que descobrimos o lindo trabalho da Dona Marinalva." O chef diz que, apesar de ela produzir outros artefatos de barro, o seu encanto foi maior pelas cuscuzeiras.

A peça rústica de barro é constituída por um compartimento inferior, onde se coloca água, e um superior, com furos no fundo para colocar o cuscuz, além de uma tampa. "O cuscuz de milho é colocado em um pano, que deve ser fechado e colocado na cuscuzeira sobre o fogo. O vapor d'água então o hidratará em poucos minutos", explica Wanderson. "Aqui em Muquém o pessoal costuma comer o cuscuz com peixe seco assado." Para divulgar o trabalho de Dona Marinalva, o chef vende as cuscuzeiras em seu restaurante e nelas serve as porções de pastéis de carne de sol pedidas pelos clientes. Além disso, ele costuma presentear amigos e chefs renomados. "Espero que assim eu consiga agregar valor às cuscuzeiras e, quem sabe, manter viva a tradição do artesanato de Muquém", diz.

Peixe seco com cuscuz

# BOLO DE GOMA

A comunidade de São Bento, a poucos quilômetros de Maragogi, abriga várias famílias que vivem da venda de bolo de goma. Conhecida em outras regiões do Brasil como sequilho, a iguaria é na realidade um pequeno biscoito com o formato de uma concha, e não um bolo. Seu nome surgiu como uma referência à goma de mandioca utilizada na receita. Apesar de ser encontrado em padarias e supermercados da região, o bolo de goma é tradicionalmente vendido em barracas montadas às margens da rodovia que corta o vilarejo.

Marlene dos Santos é uma das quitandeiras mais conhecidas de São Bento. Desde meados dos anos 1980, ela produz bolos de goma em uma fabriqueta nos fundos de sua casa. "Aprendi a receita com a minha mãe quando os biscoitos ainda não eram a principal fonte de renda das mulheres daqui. Na época eles eram servidos apenas para visitas para acompanhar o cafezinho", conta.

Com o incremento dos negócios, Marlene contratou alguns funcionários para auxiliar na produção do quitute. "Hoje recebo encomendas até de outros estados. Muitos turistas vêm aqui para ver como o bolo de goma é feito e depois se tornam fregueses." A alagoana explica que os ingredientes da receita são coco ralado, açúcar, gemas e manteiga. "O mais difícil é dar o formato de concha ao biscoito com a tesoura. Para fazer isso, é preciso ter mão boa e paciência", diz. Marlene revela que o biscoito é tão importante para a região que a Prefeitura de Maragogi pleiteia transformar o modo de fazê-lo em patrimônio imaterial do município.

Marlene dos Santos

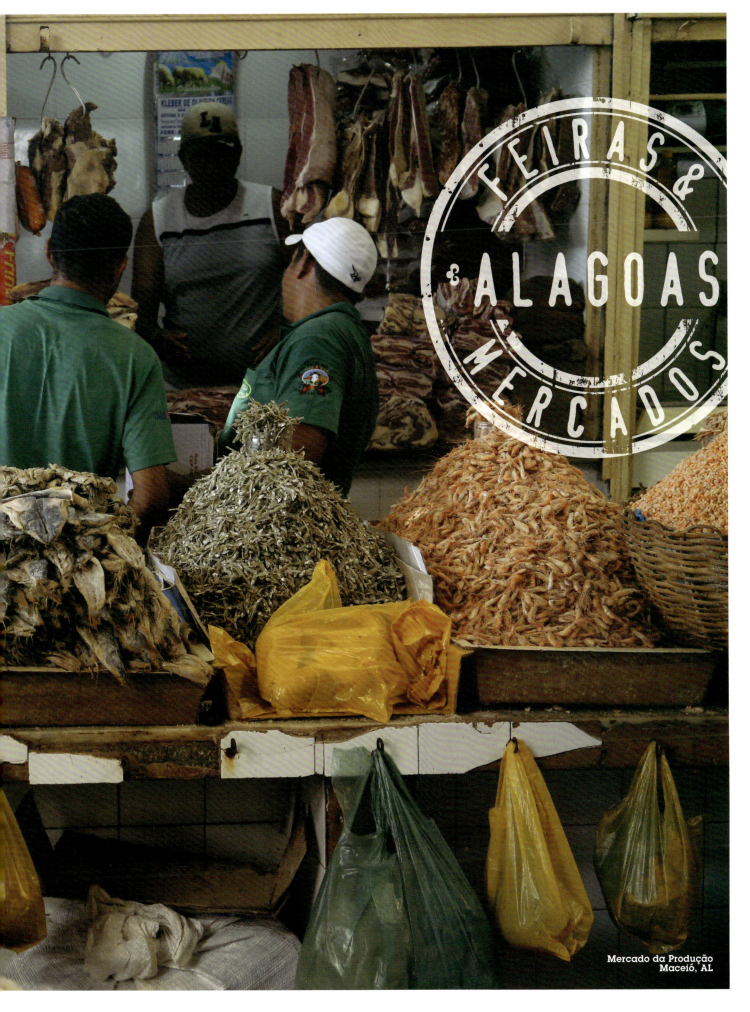

Mercado da Produção
Maceió, AL

# MERCADO DA PRODUÇÃO
*com Wanderson Medeiros*

O Mercado Público da Produção é o maior mercado de Maceió. Localizado no bairro da Levada, reúne barracas que vendem frutas, verduras, pimentas, laticínios, carnes, peixes, caranguejos, mariscos, especiarias e demais itens. Infelizmente é necessário alertar que as condições estruturais e sanitárias do local são precárias, o que acaba afastando visitantes e consumidores. Apesar do descaso, pode-se encontrar feirantes que vendem produtos de qualidade e descobrir ingredientes que caracterizam a culinária alagoana.

No Laticínios Nossa Senhora de Fátima, Wanderson Medeiros, chef do Picuí, cumprimenta o proprietário. "Este aqui é o Seu Déda, que eu conheço desde criança e que fornece manteiga de garrafa, queijo coalho e queijo manteiga para o restaurante", revela Wanderson. "A manteiga dele vem de Major Isidoro, a principal cidade da bacia leiteira de Alagoas. É muito cremosa e com sabor sem igual." Em outro setor do mercado, o de hortifrúti, o chef apanha um caju maduro e diz que "muita gente ensina que para fazer o doce deve-se furá-lo várias vezes com um garfo e espremer o suco antes de cozinhá-lo com açúcar. Mas isso é um erro. Pois todo o sabor dele está nesse caldo, que vai caramelizar e se tornar um doce maravilhoso". Apontando para uma fruta pequena, oval e esverdeada, o chef a apresenta: "Este é o umbu, que é bem azedinho e faz salivar bastante. No interior, a fruta é usada para fazer a umbuzada, um cozido que se come de colheradas com farinha".

Em frente a uma banca com várias carnes dependuradas, Wanderson diz que muitas pessoas confundem a carne de sol com a carne-seca e com o charque. "Uma não tem nada a ver com a outra; seja no modo de fazer, no processo de cura, na dessalga, seja no sabor", diz. "O charque é feito nas regiões Sul e Sudeste. É cortada, empilhada em mantas, leva sal grosso e nitratos. A carne de sol é salgada e colocada para curar em local fresco ou na geladeira. A carne-seca é cortada em mantas, salgada e levada ao sol para secar por completo." Sobre a dessalga, ele explica que o charque deve ser escaldado – sem jamais ferver a água –, a carne de sol deve ser demolhada duas ou três vezes em água fria e a carne-seca precisa ser dessalgada e hidratada num dia. Sobre o paladar de cada uma das carnes, diz que o charque tem sabor marcante, forte. Já a carne de sol é suave. E a carne-seca tem um sabor intermediário entre uma e outra. "No Picuí, preparo e sirvo a carne de sol. Geralmente faço com contrafilé e sirvo com um pirão de queijo coalho", diz.

201

Bacias de sururu

Charque

Chef Wanderson Medeiros e Seu Déda

Siris cozidos

O baiano Jonatas Moreira estudou no Culinary Arts and Management of Restaurants e no Institut Paul Bocuse, ambos na França. Jonatas trabalhou nos restaurantes Laurent Bouvier, Ledoyen e Bras. De volta ao Brasil, tornou-se chef dos restaurantes Akuaba e Espaço Vera Moreira, em Maceió.

# FILÉ DE SIRI DESPINICADO EM EMULSÃO DE SEU CORAL

Rendimento: 4 porções

## ingredientes
*400 g de filé de siri*
*1 cebola picada*
*250 ml de azeite*
*1 ovo*
*2 colheres (sopa) de mostarda dijon*
*100 g de coral de siri cozido*
*Suco de 1 limão*
*500 ml de óleo de soja*
*Sal a gosto*
*Pimenta-do-reino a gosto*

## MODO DE PREPARO
**1.** Refogue a cebola no azeite. **2.** Acrescente o filé de siri. Cozinhe por cinco minutos. Tempere com sal, pimenta-do-reino e metade do suco de limão. Reserve. **3.** Coloque o ovo e a mostarda no liquidificador. Ligue em velocidade baixa e acrescente, em fio fino, o óleo de soja até obter uma maionese espessa. **4.** Finalize com o coral do siri e a outra metade do suco de limão. **5.** Acerte o sal e sirva essa emulsão de coral com o siri.

Nascido em Picuí, no interior da Paraíba, Wanderson Medeiros é formado em Administração de Empresas e em Gastronomia pelo Senac de Alagoas. É o apresentador do programa de culinária Feito Pra Você, exibido na TV Record, chef do Picuí e proprietário do W Gourmet e do W Empório Café.

# CARNE DE SOL GRELHADA COM PIRÃO DE QUEIJO COALHO

Rendimento: 4 porções

## ingredientes

**CARNE DE SOL**
*900 g de contrafilé bovino*
*40 g de sal refinado*
*Manteiga de garrafa*

**PIRÃO**
*400 g de queijo coalho*
*80 g de farinha de mandioca fina*
*15 g de cebola*
*15 g de alho-porró*
*800 ml de leite*
*30 ml de manteiga de garrafa*
*3 grãos de pimenta-do-reino*
*3 grãos de coentro*
*1 folha de louro*

## MODO DE PREPARO

**Carne de sol 1.** Espalhe o sal por toda a carne. Deixe desidratando na parte baixa da geladeira numa fôrma inclinada por 4 horas, descartando sempre a salmoura que se forma. **2.** Ao final das quatro horas, salgue a carne mais uma vez nos pontos avermelhados (onde o sal não pegou da primeira vez) e retorne-a à geladeira por mais 24 horas para desidratar bem. Não deixe de descartar a salmoura durante o processo. **3.** Passado esse período, embale a carne em saco plástico e guarde-a no freezer por, no mínimo, 7 dias. **4.** Depois de descongelar a carne, retire o sal colocando-a num recipiente com água e esfregando um pouco com as mãos. Deixe na água por 30 minutos. Troque a água duas ou três vezes durante o processo. **5.** Espete a carne e leve-a à churrasqueira girando-a sempre para assar por igual (ou ao forno a 220 °C por 40 minutos). **6.** Após assada, corte a carne e pincele-a com a manteiga de garrafa. **Pirão 1.** Numa panela aqueça a manteiga de garrafa e refogue a cebola, o alho-porró, a folha de louro, o coentro e a pimenta-do-reino quebrada. Acrescente o leite e aqueça até levantar fervura. Coe e reserve. **2.** Corte o queijo coalho em pedaços pequenos e bata no liquidificador com o leite até ficar homogêneo. **3.** Leve ao fogo com a farinha de mandioca, mexendo sempre até adquirir a consistência de um pirão grosso. **Finalização** Coloque o pirão no centro de um prato e, por cima, a carne de sol grelhada.

# ALAGOAS

## Serviço

**MASSAGUEIRINHA (SURURU)**
Av. Deputado José Lages, 1005, Ponta Verde
(82) 3327-1027
Maceió – AL

**OURIÇO (PRAIA DE PORTO DA RUA)**
Passeio Turístico – Sandro Pitanga
(82) 9977-0066 / (82) 9327-8066
São Miguel dos Milagres – AL
<sandropitanga@hotmail.com>

**BOLACHAS MARAGOGI**
Rodovia Arnon de Melo, 74, Centro
(82) 3296-1151 / (82) 3296-1188
Maragogi – AL
<www.bolachasmaragogi.com.br>

**FAZENDA ARIZONA**
Fazenda Arizona, s/n, Zona Rural
(82) 9972-0345
Batalha – AL

**ENGENHO SÃO LOURENÇO**
Rodovia AL 145, km 35, n.º 35
(82) 9902-9468 / 9652-5451 / 9625-3637
Água Branca – AL

**AS CUSCUZEIRAS DE MUQUÉM**
Comunidade Muquém
(82) 9915-3809
União dos Palmares – AL

**BOLO DE GOMA**
Sequilhos Maragogi – Irmã Marlene
Rua Edivaldo Maciel Monteiro, 432, Comunidade de São Bento
(82) 3296-7186 / (82) 8559-5659 / (82) 8851-1949
Maragogi – AL

**MERCADO DA PRODUÇÃO**
Av. Dr. Francisco de Menezes, s/n, Levada
Maceió – AL

**RESTAURANTE PICUÍ**
Avenida da Paz, 1140, Jaraguá
(82) 3223-8080
Maceió – AL
<www.picui.com.br>

**RESTAURANTE AKUABA**
Rua Ferroviário Manoel Gonçalves Filho, 6, Mangabeiras
(82) 3325-6199
Maceió – AL
<www.akuaba.com.br>

# No Brasil setentrional

Em Boa Vista, única capital brasileira localizada no hemisfério norte, apanhamos o chef Thomas Troigros (do Olympe, no Rio de Janeiro) no aeroporto, antes de seguirmos para uma pescaria no Rio Branco. Após a captura de cubiús e piranhas, fomos para o Restaurante Marina Meu Caso. Lá, acompanhamos o preparo de peixes da região, como a matrinxã e o pacu.

Mais tarde estivemos na casa de Tia Nêga, uma senhora que faz uma paçoca de carne que se tornou referência na cidade. Já na cozinha da artesã Lídia, indígena da etnia Makuxi, aprendemos como é feito o prato símbolo de Roraima: a damorida, um caldo com pimentas, tucupi preto e pedaços de peixe. No bairro Sílvio Botelho, conhecemos a Flora e a Raquel, mãe e filha que produzem jiquitaia, um pó feito com pimentas secas ao sol e moídas.

Nos arredores da capital, em meio ao lavrado roraimense, gravamos na comunidade de Taba Lascada. No local fomos recebidos por Dona Terezinha e seu marido, Daniel, indígenas da etnia Wapixana. Aprendemos com eles sobre o beneficiamento da mandioca-brava. Vimos o preparo do caxiri, bebida obtida pela fermentação do tubérculo, e do tucupi preto, obtido pela redução do tucupi. No último dia da expedição, a culinarista Dona Kalu nos levou à Feira do Produtor Rural para apresentar alguns ingredientes locais, como as pimentas murupi e olho de peixe, as folhas de cariru e os vinhos de buriti e bacaba.

Gravação no Rio Branco
Boa Vista, RR

Proximidades da comunidade
de Taba Lascada, RR

Boa Vista, RR

Dona Terezinha

Cozinha do restaurante Marina Meu Caso
Boa Vista, RR

Buritizal

Lavrado roraimense

Igarapé na bacia do Rio Branco
Boa Vista, RR

# OS PEIXES DO RIO BRANCO

O Rio Branco é o principal rio da bacia hidrográfica de Roraima. Suas águas, que banham a capital, Boa Vista, deságuam no Rio Negro antes de ele se juntar ao Solimões para se transformar no Amazonas. No período de cheia, as águas do rio são fartas em peixes de diferentes espécies, e na vazante as margens revelam praias que atraem os banhistas.

Stanley de Lira, mais conhecido como Boboco, é um dos pescadores do estado que melhor conhecem o Rio Branco. "Já pesquei em tudo que é trecho do rio", diz. Na sua canoa motorizada, ele sobe o rio em direção a um igarapé. "Agora estamos no período de defeso, que vai de março a junho. Só é permitida a pesca com anzol e, mesmo assim, só pode apanhar peixes de até cinco quilos. É por isso que estamos indo para um igarapé, pois lá tem águas claras e dá para ver os peixes no fundo do rio", explica.

Boboco encosta a canoa às margens de um igarapé de águas limpas e esverdeadas. Em seguida, apanha um balde e o destampa. Dentro dele há restos de comida fermentada que exalam um cheiro forte e desagradável. "Aqui no balde tem de tudo: pedaços de peixes, arroz, feijão, verdura. É com isso que vamos chamar os peixes", diz Boboco ao jogar um bocado da mistura de comidas na água. Ele explica que o odor dos alimentos fermentados irá atrair peixes pequenos que, por sinal, irão atrair os graúdos. "Isso é o que chamamos de 'fazer um pesqueiro'", explica. Algum tempo depois, peixes com cerca de dois palmos são vistos na água. São tucunarés. Com o anzol na água, o pescador diz que durante a cheia é comum encontrar no Rio Branco "pacu, matrinxã, pirandirá, surubim, jandiá". Minutos mais tarde, Boboco puxa a linha e retira da água uma piranha-vermelha. Pouco tempo depois, pesca alguns cubiús antes de retornar para Boa Vista.

O restaurante Marina Meu Caso está localizado às margens do Rio Branco. A cozinheira responsável pelo local é Marina dos Santos, esposa de Boboco. Ela revela que os peixes do estabelecimento costumam ser preparados de duas maneiras: assados na churrasqueira ou cozidos numa caldeirada. "Os melhores peixes para fazer na brasa são o tambaqui e a matrinxã", diz Marina. "Já para a caldeirada – feita com tucupi, pimentas murupi e olho de peixe, folhas de jambu e chicória –, gosto de usar o pacu, o surubim ou o jandiá. E sirvo sempre com arroz, pirão e farinha-d'água", conclui a cozinheira.

Boboco

Marina dos Santos

Tambaqui na brasa

Caldeirada de pacu

PRODUTOS & RORAIMA & PRODUTORES

Molhos de pimenta

# PAÇOCA DE CARNE

Maria Perpétua Mangabeira, mais conhecida como Tia Nêga, se tornou referência em Boa Vista por causa da qualidade de sua paçoca de carne. A comercialização do produto, feito em uma fabriqueta nos fundos de sua casa, é a principal renda da família. "Foi graças à paçoca que criei meus filhos", diz. Ela conta que a divulgação do produto e seu sucesso aconteceram através do boca a boca. "Hoje tem dias que vendo mais de cem quilos", revela. "Tem gente que toca a campainha e apanha uma paçoca" (vendida sempre em embalagens de um quilo). "E tem quem liga para encomendar vinte, trinta pacotes."
Embora a paçoca seja normalmente associada à culinária do sertão, sua origem é indígena. A palavra deriva do tupi-guarani, pa'soka, que significa "coisa socada". Descendente da etnia Makuxi, Tia Nêga conta que os indígenas secavam a carne e a pilavam com raízes, cascas e farinha. "Índio não tinha geladeira, né? Então tinha que trabalhar a carne para durar mais", diz. Mas em se tratando de como aprendeu a fazer paçoca, ela conta ter sido com o marido, um imigrante baiano que chegou a Roraima nos anos 1980, para trabalhar no garimpo. "Ele adorava paçoca e sempre pedia para fazer pra ele", lembra.
Tia Nêga diz que hoje o filho Hidelfrance, mais conhecido como Juruna, ajuda no preparo da paçoca. É ele quem explica como prepará-la: "É preciso fritar a carne de sol até o ponto certo. Se fritar de menos, fica mole e não consegue ser moída. Se fritar demais, fica com gosto de óleo queimado. E tem que estar bem sequinha". Após a fritura, os pedaços de carne são processados com farinha-d'água, uma farinha grossa típica da região e feita com mandioca fermentada na água. "Usamos a proporção de 70% de carne para 30% de farinha. É por isso que nossa paçoca é tão boa; tem muito mais carne que farinha", diz Juruna.

Tia Nêga

# MOLHO DE PIMENTAS

Registros arqueológicos indicam que diferentes tipos de pimenta eram consumidos na bacia amazônica desde a era pré-colombiana. Sua utilização ia além da culinária: era empregada como medicamento, oferenda em rituais religiosos e até moeda de troca de populações ribeirinhas. Nos dias de hoje, sua importância ainda é grande para os povos da região Norte.
Em Roraima, o fruto faz parte do cardápio do dia a dia. "Aqui não existe refeição sem pimenta", diz Raquel Reis, produtora de molhos de pimenta. "Acho que a paixão dos boa-vistenses pela pimenta se deve à influência dos índios que sempre habitaram esta região. Minha mãe, Flora, que é índia da etnia Wapixana, sempre comeu muita pimenta. Foi ela quem me ensinou a comer quando eu ainda era criança", conta Raquel.
Flora foi também quem incentivou Raquel a produzir e comercializar molhos de pimenta. "Quando comecei a fabricar os molhos, sofria muito por causa de ardência nas mãos e incômodo na garganta, nos olhos. Depois fui acostumando", diz. Raquel explica que existem pimentas de diferentes ardências na região. "Pensava que a pior era a malagueta. Mas aí conheci a canaimé, que é comum na Guiana. Essa é ainda mais 'ardosa'." Ela diz haver três tipos de malagueta: a malaguetinha, a malagueta e a malaguetão. "Quem é fraco para pimentas deve comprar o molho feito só de malaguetão, por ser mais fraco." Outras variedades comuns na região e bastante utilizadas na cozinha local são a murupi e a olho de peixe, ambas de ardência moderada. Para fazer o molho, Raquel diz ser essencial ter um tucupi cozido de alta qualidade. "Não tem muito segredo, é só bater as pimentas com o tucupi e deixar curtir por alguns dias", resume.
Além dos molhos de pimenta, Raquel comercializa em pequenos potes de vidro a jiquitaia, que consiste em diferentes variedades de pimentas secas ao sol e moídas até virar um pó bem fino. "A jiquitaia é outra herança dos índios. Só que eles moíam as pimentas no pilão. E nós usamos um moinho elétrico", revela. Raquel diz que a jiquitaia é ainda mais forte que o molho de malagueta. "É preciso saber usar, senão queima mesmo", alerta. "Mas nós adoramos e usamos em tudo: polvilhada por cima de um bife de carne de sol, para temperar sopas ou misturada na farinha junto da comida."

Pimenta jiquitaia

Raquel e Flora

Caxiri

# DAMORIDA

A artesã Lídia Raposo, pertencente à etnia Makuxi, divide seu tempo entre a aldeia Raposa Serra do Sol e a cidade de Boa Vista. No ateliê nos fundos de sua casa, ela trabalha e molda o barro para transformá-lo em panelas. É nessas panelas, seguindo a tradição indígena, que os roraimenses preparam um dos pratos símbolos do estado: a damorida, um caldo de pimentas com pedaços de peixe ou de carne de caça.

Antes de revelar o preparo da damorida, Lídia enaltece a importância do barro usado para fazer a panela em que ela é servida. "O índio tem um respeito muito grande pela natureza. É por isso que na hora de tirar o barro da mata, conversamos com a natureza e oferecemos algo em troca, como um pedaço de carne, uma bebida. E gente que está doente ou de luto não pode tocar o barro", diz a artesã.

"A damorida é o prato do dia a dia dos índios", conta Lídia. "Sempre que o índio recebe um visitante, ele faz a damorida para dar as boas-vindas." Lídia explica que, apesar de ser um dos mais importantes da culinária roraimense, o prato não é encontrado em restaurantes. "É uma comida que a gente só encontra na casa das pessoas", diz. Seu preparo é simples: basta colocar em água fervente um punhado de pimentas de variedades diferentes, como malagueta, murupi e olho de peixe, folhas de pimenteira ou de cariru, um pouco de tucupi preto (feito da redução do tucupi) e pedaços de peixe ou de carne de caça. "Junto da damorida, que é servida em uma cuia, oferecemos um pedaço de beiju, que pode ser mergulhado no caldo ou usado como se fosse uma colher para pegar os pedaços de carne", explica Lídia.

Damorida com beiju

Tucupi preto

236

Lídia Raposo

237

# DERIVADOS DA MANDIOCA

A comunidade indígena de Taba Lascada está a 30 minutos de carro de Boa Vista. Nela moram Dona Terezinha e seu marido, Daniel, ambos da etnia Wapixana. Os dois contam que nasceram na Guiana, mas mudaram para o Brasil há mais de 20 anos. O local onde moram não tem energia elétrica, e as malocas são simples, com teto de folhas secas de buritizeiro, paredes de barro seco e chão de terra batida. Um dos meios de sobrevivência do casal é a renda obtida com a venda de produtos feitos da mandioca, como a farinha-d'água e o tucupi.

Enquanto Daniel trabalha na torra da farinha-d'água, Dona Terezinha explica que ela é feita com uma mistura de massa de mandioca ralada e de massa puba, ou seja, aquela que passou por fermentação em água. Ela conta que depois de ralar a mandioca, extrai-se o tucupi para ser fervido e vendido. Além desses produtos, Dona Terezinha costuma usar a mandioca para fazer o caxiri e o tucupi preto.

## O CAXIRI

Dona Terezinha explica que o caxiri é uma bebida milenar indígena obtida pela fermentação da mandioca. Seu preparo se inicia com a produção de um beiju grosso, tostado no tacho. O beiju é então amolecido em água, colocado sobre uma lona e temperado com folhas secas e piladas de periquiteira, também conhecida como curumim. Cobre-se tudo com galhos de periquiteira verde e fecha-se a lona. Dois dias depois é hora de "levantar o pajuaru" (o beiju fermentado), diz Dona Terezinha. Revela-se uma massa coberta de fungos e com forte aroma de produto fermentado. Ela prova o pajuaru e diz que "ainda tá doce". Explica que se pode utilizar a massa ainda doce para fazer sucos ou bolos ou fechar a lona para fermentar por outros três dias. Quando pouco fermentada, a massa é misturada com água para fazer um suco que todos podem tomar, inclusive crianças. Já quando a fermentação acontece por vários dias, com grande parte dos açúcares da mandioca transformados em álcool, faz-se o caxiri misturando a massa com água e coando na peneira. "É assim que se faz a cerveja, a cachacinha do índio. Em dias de festas, não temos bebida de branco, e sim um caxirizinho", resume.

Dona Terezinha fazendo caxiri

Beiju na água

Pajuaru e folhas de periquiteira

241

O TUCUPI PRETO

Outro produto derivado da mandioca é o tucupi preto. Bem menos conhecido que o tucupi amarelo, ingrediente fundamental na culinária amazônica para preparar o tacacá e o pato no tucupi, o tucupi preto é obtido através da redução do primeiro. Sua consistência é densa, lembrando a de um melaço. Sua coloração, avermelhada. Dona Terezinha diz que o tucupi preto foi a solução encontrada pelos indígenas para conservar o tucupi por mais tempo. "Índio não tem geladeira. O tucupi amarelo dura poucos dias. O preto, não. Esse a gente guarda por vários meses", explica. Ela diz que o ingrediente é usado principalmente como tempero em ensopados. "Para fazer o tucupi preto, é preciso colocar uma grande quantidade de tucupi em uma panela e deixar reduzir por cinco, seis horas. Depois, quando estiver bem escuro, a gente tira do fogo e guarda em garrafinhas", diz.

Tucupi preto

245

## Na Feira do Produtor Rural
*com Dona Kalu*

A Feira do Produtor Rural de Boa Vista é a mais tradicional e visitada feira da capital. Em suas bancas pode-se encontrar ingredientes regionais como pimentas, frutas, farinhas e peixes. Já nos boxes ao redor do mercado, cozinheiras preparam diariamente pratos que fazem parte da rotina do boa-vistense, como picadinho de carne de sol com abóbora, caldeirada de pacu, tapioca recheada e sucos de buriti e de bacaba.

Uma das frequentadoras da feira é a culinarista Olinda Pereira de Melo, mais conhecida como Dona Kalu. Filha de mãe wapixana e pai nordestino, ela explica que a culinária roraimense combina a cultura indígena com a sertaneja. "Muitos nordestinos migraram para Boa Vista nos anos 1980 para trabalhar como garimpeiros. E os indígenas do norte do estado e da Guiana também migraram para a cidade. É por isso que o povo daqui gosta de comer carne de sol com pimenta, bolos de goma de mandioca ou caldeiradas de peixes com farinha", conta Dona Kalu.

Em um dos corredores do mercado, a culinarista mostra o pé de moleque roraimense. "É feito com a massa puba da mandioca, enrolada em folha de bananeira e assada em forno de barro", diz. Mais adiante, em uma banca com garrafas de plástico com tucupi, ela explica como escolher: "Quanto mais sedimento houver no fundo da garrafa, melhor. Mas é preciso também que a cor do tucupi seja um amarelo vivo. Tucupi pálido é indicação de tucupi velho". No setor de hortaliças, Dona Kalu aponta as folhas utilizadas na cozinha local: "O cariru é colocado em sopas. Já a chicória serve para temperar o tucupi. E o mastruz é usado como remédio para gripe".

Em outro ponto da feira, notam-se vários sacos plásticos com sucos coloridos sobre geladeiras horizontais. "São polpas de frutas que aqui chamamos de 'vinho', por serem um pouco ralas. Tem o vinho do açaí, o vinho do buriti (uma fruta de casca amarronzada, que dá em cachos e tem um aroma bem forte) e o vinho da bacaba, uma frutinha roxinha miúda, que dá em palmeira e é parecida com o açaí", diz.

# FEIRAS & MERCADOS
# RORAIMA

Garrafas de tucupi e de molho de pimenta

# Na Feira do Produtor Rural
*com Dona Kalu*

A Feira do Produtor Rural de Boa Vista é a mais tradicional e visitada feira da capital. Em suas bancas pode-se encontrar ingredientes regionais como pimentas, frutas, farinhas e peixes. Já nos boxes ao redor do mercado, cozinheiras preparam diariamente pratos que fazem parte da rotina do boa-vistense, como picadinho de carne de sol com abóbora, caldeirada de pacu, tapioca recheada e sucos de buriti e de bacaba.

Uma das frequentadoras da feira é a culinarista Olinda Pereira de Melo, mais conhecida como Dona Kalu. Filha de mãe wapixana e pai nordestino, ela explica que a culinária roraimense combina a cultura indígena com a sertaneja. "Muitos nordestinos migraram para Boa Vista nos anos 1980 para trabalhar como garimpeiros. E os indígenas do norte do estado e da Guiana também migraram para a cidade. É por isso que o povo daqui gosta de comer carne de sol com pimenta, bolos de goma de mandioca ou caldeiradas de peixes com farinha", conta Dona Kalu.

Em um dos corredores do mercado, a culinarista mostra o pé de moleque roraimense. "É feito com a massa puba da mandioca, enrolada em folha de bananeira e assada em forno de barro", diz. Mais adiante, em uma banca com garrafas de plástico com tucupi, ela explica como escolher: "Quanto mais sedimento houver no fundo da garrafa, melhor. Mas é preciso também que a cor do tucupi seja um amarelo vivo. Tucupi pálido é indicação de tucupi velho". No setor de hortaliças, Dona Kalu aponta as folhas utilizadas na cozinha local: "O cariru é colocado em sopas. Já a chicória serve para temperar o tucupi. E o mastruz é usado como remédio para gripe".

Em outro ponto da feira, notam-se vários sacos plásticos com sucos coloridos sobre geladeiras horizontais. "São polpas de frutas que aqui chamamos de 'vinho', por serem um pouco ralas. Tem o vinho do açaí, o vinho do buriti (uma fruta de casca amarronzada, que dá em cachos e tem um aroma bem forte) e o vinho da bacaba, uma frutinha roxinha miúda, que dá em palmeira e é parecida com o açaí", diz.

249

Folhas de chicória

Chef Thomas Troigros e Dona Kalu

Tambaqui

Pimentas e feijão-verde

Olinda Pereira de Melo, mais conhecida como Dona Kalu, é uma cozinheira autodidata com mais de 40 anos de experiência. Descendente de mãe wapixana e pai nordestino, Dona Kalu trabalhou como instrutora de cozinha regional e participa de eventos pelo Brasil representando a culinária roraimense.

# DAMORIDA DA DONA KALU

Rendimento: 6 porções

## ingredientes

*1 quilo de filé de peixe (dourado ou filhote)*
*1 litro de tucupi*
*1 litro de água*
*3 maços de chicória*
*6 tomates grandes*
*3 cebolas grandes*
*3 maços de cheiro-verde (coentro e cebolinha)*
*10 pimentas-de-cheiro*
*Suco de 1 limão*
*Sal a gosto*
*2 colheres (sopa) de tucupi preto*
*1 colher (sopa) de azeite de oliva*
*Pimentas variadas (murupi, malagueta, olho de peixe, canaimé)*

## MODO DE PREPARO

**1.** Lave o peixe em água com limão e reserve. **2.** Corte todos os temperos: tomate e cebola, em rodelas; cheiro-verde, chicória e as pimentas-de-cheiro, em tiras. Reserve. **3.** Coloque em panela de barro o tucupi e a água, metade dos temperos cortados e leve ao fogo para ferver, retirando sempre a espuma que sobe à superfície. Deixe ferver por 30 minutos, coloque o peixe temperado com sal e cozinhe por mais 10 minutos. **4.** Coloque o restante dos temperos reservados, desligue o fogo e tampe a panela. **5.** Finalize com 1 ou 2 colheres de tucupi preto. Numa tigela à parte, coloque as pimentas "ardosas" – murupi, malagueta, olho de peixe e a poderosa canaimé (se aguentar a ardência) – misturadas com 1 colher (sopa) de azeite e 2 conchas do molho do tucupi. **6.** Sirva com beiju de mandioca.
**Nota:** A versão da damorida da Dona Kalu oferece o molho com pimentas à parte, pois muitos não aguentam a ardência do prato quando feito com elas.

# RORAIMA

## Serviço

**RESTAURANTE MARINA MEU CASO**
Avenida Santos Dummont, 40, São Pedro
(95) 3624-3911
Boa Vista – RR

**PAÇOCA DA TIA NÊGA**
Avenida Via das Flores, 183, Pricumã
(95) 3626-5120 / (95) 3626-6889
Boa Vista – RR

**FLORA PIMENTA REGIONAL**
Rua Pedro Altemar Bantim, 961, Sílvio Botelho
(95) 99142-1133
Boa Vista – RR

**LÍDIA RAPOSO (DAMORIDA)**
Rua Isídio Gaudino Filho, 703, Jardim Caraná
(95) 3627-1416
Boa Vista – RR

**DERIVADOS DA MANDIOCA**
Comunidade Indígena Taba Lascada
Cantá – RR

**FEIRA DO PRODUTOR RURAL**
Bairro São Vicente, zona sul
Boa Vista – RR

Extração do tucupi

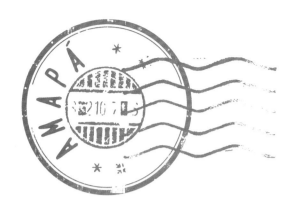

# Gastronomia na linha do equador

A equipe chegou a Macapá num voo que saiu de Belém, pois para chegar à capital do Amapá somente de avião ou de barco. Na cidade cortada pela linha imaginária do equador, conhecemos o sorveteiro Simão, que nos apresentou o sorvete feito com tucumã, fruto de uma palmeira amazônica. Durante a visita à comunidade de Coração, o farinheiro Eucinaldo e seus irmãos nos ensinaram como se dá a transformação da mandioca-brava em farinha-d'água, tucupi e farinha de tapioca.

No município de Santana, apanhamos um barco e seguimos pelo Rio Amazonas até a comunidade de Matapi-Mirim. Lá o pescador Isalino nos mostrou como é feita a cata do pitu, um enorme camarão de água doce. Depois fomos ao Restaurante da Flora para que a cozinheira Floraci nos preparasse uma caldeirada de pitu. Na comunidade de Mazagão, estivemos num criatório de tartarugas legalizado pelo Instituto Brasileiro do Meio Ambiente e dos Recursos Naturais (Ibama). De volta a Macapá, a cozinheira Solange nos ensinou receitas que utilizam a carne do quelônio, como picadinho, guisado e farofa de tartaruga.

Às vésperas do fim da expedição, os feirantes e os pescadores do Mercado de Pescados do Igarapé das Mulheres nos mostraram as espécies de peixes mais comuns no estado. Na Feira do Agricultor, Walt Disney, proprietário do restaurante Divina Arte, apresentou à equipe e à chef Mara Salles (do Tordesilhas, em São Paulo) alguns de seus fornecedores, como a Dona Deusa, que lhe vende jambu, chicória e alfavaca. Na feira descobrimos ainda o sabor de frutas desconhecidas por muitos brasileiros, como a pupunha e o inajá.

Fortaleza de São José
Macapá, AP

Cata de pitu no Rio Matapi Mirim
Santana, AP

Trapiche Eliezer Levy
Macapá, AP

Igarapé da Fortaleza
Santana, AP

Fortaleza de São José
Macapá, AP

Pescador no Rio Matapi Mirim
Santana, AP

BIOMAS & AMAPÁ & TERROIRS

# PITU

O pitu é um enorme camarão de água doce que habita os igarapés que deságuam no Rio Amazonas. No Amapá ele pode ser encontrado e comercializado no município de Santana, onde é a principal fonte de renda de diversas famílias da região.

Na comunidade de Matapi-Mirim, o pescador Isalino Soares segue a tábua das marés para catar o pitu. "Ele só pode ser capturado na pacuema, a maré vazante", diz Isalino. "É nessa hora do dia que a gente checa o matapi para ver se tem pitu." O pescador explica que o matapi é o nome indígena dado à armadilha usada para capturar pitu. Feita com fibras de palmeiras, tem formato cilíndrico e dois funis nas extremidades. "O pitu entra no matapi pelo funil e não consegue sair", explica Isalino. No meio da armadilha há uma janela por onde é colocada a isca e são retirados os pitus capturados. "A isca é uma trouxinha feita com farelo de babaçu umedecido com sebo", conta. Isalino explica que os lugares ideais para colocar os matapis são os trechos de menor correnteza do rio. Ele também conta que é usual comercializá-los vivos e, por isso, sempre tem no barco um balde ou um isopor com água para armazená-los. Um dos clientes do pescador é a cozinheira Flora, que compra o crustáceo para prepará-lo em receitas no seu restaurante.

O Restaurante da Flora está situado na comunidade de Igarapé da Fortaleza, em Santana. Cozinheira desde os 13 anos de idade, Floraci Dias, a Flora, revela que sua especialidade é o pitu. "Fazemos assado no bafo para comer com farofa d'água e pimenta-de-cheiro, ensopado com leite de coco e pedaços de filhote ou da maneira que os turistas mais gostam: em caldeirada com molho de tucupi e jambu", diz.

270

Barco com matapis

PRODUTOS & AMAPÁ & PRODUTORES

Massa de mandioca e tipiti

# SORVETE DE TUCUMÃ

O tucumã é o fruto de uma palmeira nativa de áreas descampadas da região amazônica. De formato oval e casca amarelo-esverdeada, tem polpa alaranjada e fibrosa, com alto teor de gordura e rica em vitamina A. Se em Manaus se encontra o tucumã em padarias que servem o X-caboclinho – um sanduíche feito com pão de sal com lascas do fruto e queijo derretido –, em Macapá pode-se saboreá-lo em forma de sorvete.

A Sorveteria Doce Mão foi fundada em 1997 pelo ex-bancário Simão Cardoso. Ele revela ter aprendido o ofício de sorveteiro com o pai. "Só que ele não fazia sorvete de frutas regionais, e sim de frutas mais conhecidas, como abacaxi, manga, coco e limão", conta Simão. "Eu nunca entendi por que nem ele nem ninguém fazia sorvetes de frutas da Amazônia, como taperebá, açaí, bacuri, bacaba ou tucumã. Resolvi, então, comprar a máquina de sorvetes do meu pai e fazer", diz. Durante testes de receitas, Simão percebeu que os sorvetes feitos com frutas com alto teor de gordura, como o açaí e o tucumã, eram bastante saborosos. "Outra coisa que aprendi é que devia fazer sorvetes em pequena quantidade. Pois sorvete bom é sorvete fresco", conclui.

Simão diz que um dos sabores que mais vendem é o tucumã. "Quando criamos o sorvete, a gente informava ao cliente que o alimento fornecia 20 mil unidades de betacaroteno, que se transformava em vitamina A após a absorção pelo corpo humano. Até que um dia um médico veio aqui, provou o sorvete e gostou. Logo depois, ele começou a recomendar a sorveteria para crianças com deficiência de vitamina A." Em relação ao preparo do sorvete, Simão explica que se deve lavar e descascar o tucumã antes de batê-lo com açúcar e água no liquidificador. Depois a mistura segue para a máquina sorveteira para centrifugação e congelamento. "É tudo muito simples", diz. "O importante é que o sorvete tenha o sabor da fruta. E que ao tomá-lo pareça estar provando a fruta direto do pé."

Simão Cardoso

# DERIVADOS DA MANDIOCA

Na pequenina Vila Valdemar, a 20 minutos de Macapá, várias famílias vivem do beneficiamento da mandioca. Nas casas de farinha da comunidade, o tubérculo é transformado em farinha-d'água, goma, beiju, tucupi e farinha de tapioca. Tais produtos são vendidos em feiras da capital para donas de casa ou bares e restaurantes. Uma das famílias que obtêm o sustento graças às casas de farinha é a de Eucinaldo Siqueira da Costa, mais conhecido como Pelado.

Na família de Pelado cada um tem a sua função. "Meu irmão Erinho é o responsável por colher a mandioca, minha mãe é quem descasca e rala, meu pai e eu extraímos a goma e o tucupi, e meu irmão Edelson faz a farinha", diz. Pelado conta que existem dois tipos de mandioca: a brava e a mansa – também conhecida como macaxeira. A diferença entre uma e outra é a quantidade de ácido cianídrico, que é bem maior na mandioca-brava. Esta, se consumida sem ser processada, pode causar náuseas, diarreias, convulsões e até morte por envenenamento. "Da brava a gente faz a farinha e extrai o tucupi e a goma. Da outra, bolos, ou então cozinhamos para comer com manteiga ou melaço", explica o produtor rural.

Tucupi e goma

Eucinaldo da Costa

## GOMA, TUCUPI E FARINHA-D'ÁGUA

Pelado conta que começa o beneficiamento da mandioca lavando-a e descascando-a. Parte da produção segue para um balde com água, onde permanecerá por um ou dois dias para amolecimento e fermentação. A próxima etapa consiste em ralar a mandioca e espremer a massa no tipiti – um instrumento cilíndrico de palha inventado por indígenas. O sumo extraído segue para uma bacia para decantação. Algum tempo depois, nota-se, no fundo, uma massa esbranquiçada. É a goma. Já o líquido que a cobre é o tucupi. Pelado explica que este deve ser separado da goma e descansado em um balde de um dia para o outro antes de cozinhá-lo. Da massa da mandioca que ficou no tipiti, faz-se a farinha-d'água. "Meu irmão Bió é um farinheiro dos bons. É craque", enaltece Pelado. "Ele tem uma agilidade muito grande para torrar a farinha. É preciso ser rápido com o rodo senão ela queima." Sobre as características de uma farinha de qualidade, explica que precisar ter "coloração padronizada, granulação média e ser bem crocante".

## FARINHA DE TAPIOCA

Outro produto vendido pela família de Pelado é a farinha de tapioca, feita com a goma seca da mandioca, cuja semelhança lembra uma minipipoca. Para fazê-la, é preciso extrair todo o tucupi da goma, lavando-a com água e decantando por duas vezes. Em seguida, a goma deve secar ao relento por dois dias. "Só depois desse trabalho é que fazemos a farinha", explica Pelado. "Ao levá-la pro tacho, é preciso que o farinheiro seja ainda mais rápido com o rodo do que quando faz a farinha-d'água." Enquanto Pelado polvilha a goma no tacho, de pouco em pouco, seu irmão Bió mexe a farinha sem parar, pra lá e pra cá. O processo leva quase uma hora sob calor intenso. "A farinha está pronta quando os grãos estão bastante soltos e a fumaça para de ser vista saindo no tacho", diz.

Garrafas com tucupi

283

# TRADIÇÕES & REGIONAIS
## AMAPÁ

Tartaruga-da-amazônia

# CARNE DE TARTARUGA

Desde os tempos do Brasil Colônia, a carne de tartaruga é consumida pelo povo ribeirinho do Amazonas. Devido à ameaça da extinção de algumas espécies do quelônio, como a tartaruga-da-amazônia, o governo brasileiro se viu obrigado a criminalizar sua captura. Entretanto, em meados dos anos 1990, uma lei federal permitiu a criação de tartaruga em cativeiros fiscalizados pelo Ibama como alternativa de renda para empresários e uma maneira de combater o comércio ilegal do animal. Lia Soares, administradora regional do Ibama no Amapá, diz que, apesar de ser permitido o consumo de tartaruga de criatórios, poucos macapaenses o fazem. "Não se encontra a carne da tartaruga para vender. Apenas o animal vivo", conta. Ou seja, se alguém quiser provar o animal é preciso saber como abatê-lo e processá-lo. Lia explica que o imbróglio se deve à ausência de abatedouros legalizados de tartaruga no estado.

Na comunidade de Mazagão, em Santana, um criatório de tartarugas-da-amazônia legalizado é gerido por Durval Martins. "Muitos acham que o animal não é perigoso. Mas as tartarugas têm unhas grandes, uma mandíbula forte e, acreditem, é bem rápida quando se sente ameaçada", diz Durval. Ele conta que elas podem alcançar um metro de comprimento e mais de 70 quilos de peso. Em frente ao tanque do criatório, ele joga uma rede e captura várias tartarugas. Em seguida, escolhe a maior e a leva para um casebre, onde coloca um lacre em seu casco, indicando ser um animal legalizado pelo Ibama.

O casal Solange e Morubixaba Batista já foi proprietário de um restaurante em Macapá que oferecia tartaruga no cardápio. "Infelizmente a demanda era muito baixa", diz Morubixaba. Ele conta que aprendeu a abater e a preparar a tartaruga com a mãe. "Quando era criança e morava no interior do Pará, minha mãe costumava receber encomendas de famílias que queriam servir tartaruga em dias de festa. E sempre sobrava um pouquinho para a gente comer." Se o abate do animal e a separação de suas carnes são responsabilidade de Morubixaba, o preparo fica a cargo da esposa, Solange. "Vou fazer três pratos: um picadinho de tartaruga com as carnes dos quartos dianteiros e traseiros, um guisado com as carnes que têm ossos e uma farofinha no casco com a gordura dele desprendida", diz a cozinheira. Solange revela que a carne da tartaruga é "deliciosa. A cor é rosada, o sabor é delicado e, por isso, demanda pouco tempero".

Solange Batista

Feira do Agricultor
Macapá, AP

# MERCADO DE PESCADOS DO IGARAPÉ DAS MULHERES

O bairro conhecido antigamente como Igarapé das Mulheres, atual Nossa Senhora do Perpétuo Socorro, é um dos mais antigos da cidade. Seu nome é uma referência às mulheres que, na década de 1940, lavavam suas roupas nas águas da orla do Rio Amazonas, o qual margeia a comunidade. O local é hoje conhecido por abrigar famílias de pescadores que atracam seus barcos nas proximidades do maior mercado de peixes da capital amapaense.

Inaugurado em 2013, o Mercado do Pescado é um amplo galpão, arejado e azulejado, com dezenas de boxes para feirantes comercializarem majoritariamente peixes e frutos do mar. O pescador Manoel Pereira lista as espécies disponíveis do dia: "Hoje tem dourado, filhote, pescada-amarela, tambaqui, curimatã e matrinxã". Ele diz que o seu peixe favorito é o filhote, que é bem gorduroso, de couro e semelhante ao bagre. "Todo restaurante de Macapá serve o filhote. Dá para encontrá-lo em caldeiradas ou frito para ser provado com açaí e farinha de tapioca", diz Manoel.

Em outra parte do mercado, há uma gigantesca tina de plástico com água. Anaílton Santos diz que dentro dela nadam pirapitingas. "Aqui o freguês pode comprar o peixe vivo", conta. Anaílton explica que a pirapitinga lembra o tambaqui, peixe famoso por causa de suas costelas longas, gordas e saborosas. Geralmente é feito na brasa e servido em vários restaurantes da região Norte. Perto do boxe de Anaílton, o peixeiro Marcelo Werneck "tica" uma matrinxã. "Ticar é fazer pequenos cortes no peixe para quebrar suas espinhas e ficar mais fácil de cozinhar", explica. Mais adiante, nota-se um peixe pequeno, cinza e cascudo, cuja aparência lembra a de uma espécie pré-histórica. O feirante Celso Lima o apresenta: "Este é o tamatá, um peixe típico do Amapá. Para comer, tem que tirar as escamas e abrir ao meio. Gosto de preparar o tamatá na brasa para comer com pimenta e farinha", diz.

Tamatá

Anaílton Santos

Manoel Pereira

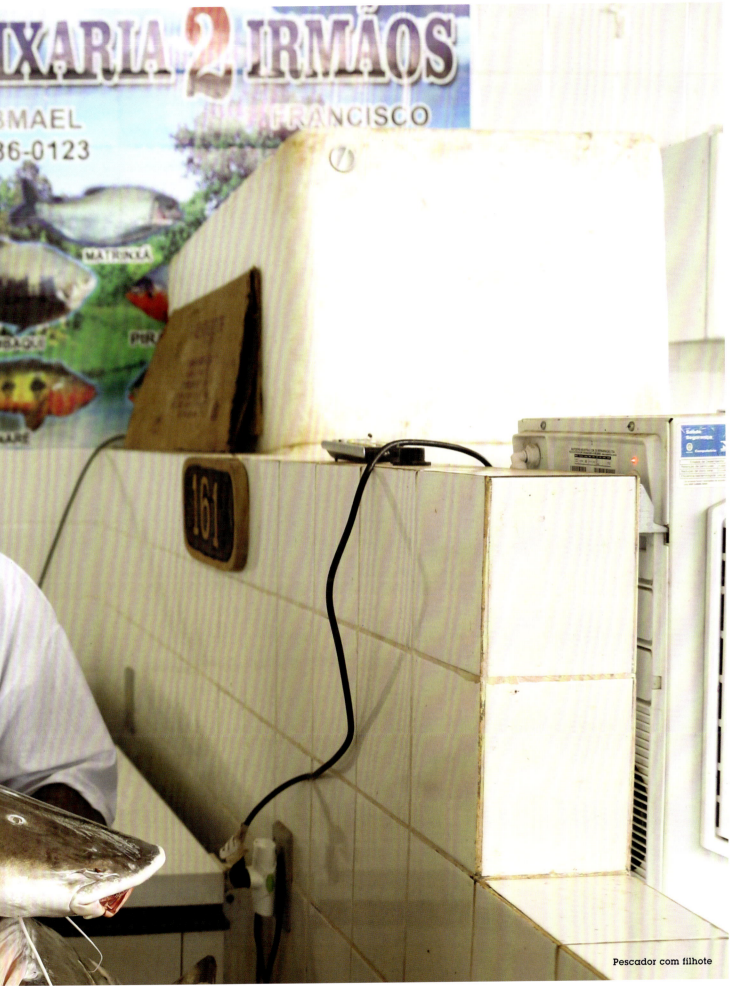

Pescador com filhote

# FEIRA DO AGRICULTOR
## *com Walt Disney*

A Feira do Agricultor é o principal ponto de venda de produtos agrícolas no Amapá. O galpão que abriga a feira foi construído pelo estado para que os agricultores tivessem um espaço para comercializar produtos como hortaliças, frutas e farinhas. Localizada no bairro do Buritizal, a feira acontece semanalmente, às terças, quintas e sábados. Seu horário de pico é no final da tarde, contrariando a maioria das feiras, cujo maior movimento de clientes se dá no início do dia. "Aqui a grande parte da venda é feita para o consumidor direto. É por isso que tem mais gente no final do dia, pois as pessoas vêm aqui antes de ir embora para casa", explica Walt Disney, sócio-proprietário do Divina Arte e responsável pelas compras do restaurante.

Ao lado de Mara Salles, chef do Tordesilhas, em São Paulo, Disney circula pelos corredores mostrando os ingredientes que utiliza em seu estabelecimento. Em um boxe com hortaliças, ele apresenta Dona Deusa, sua fornecedora de jambu. "Aqui em Macapá não havia o jambu paraense, apenas um jambu regional, que é bem mais fraco e não pinica os lábios. Trouxe, então, umas sementes de jambu do Pará para a Dona Deusa plantar. Ela plantou e deu certo. Hoje só compro o jambu dela", diz Disney. Além dessa erva, o boxe oferece outras hortaliças, como vinagreira, mastruz, alfavaca e cariru, planta com folhas grossas e cerosas, que lembra o ora-pro-nóbis.

Em outro corredor do mercado, uma farinha chama a atenção de Mara Salles. Ela pergunta a Disney o nome dela. "É farinha de ralo", responde ele. A farinha, que se assemelha a coco ralado, é feita com mandioca ralada. Mara diz lembrar "aqueles espaguetinhos que a gente vê em sopa de criança. Essa farinha deve ficar bem interessante em um caldo". Mais adiante, a atenção da chef se vira para uma banca de frutas regionais. Com um canivete em mãos, ela descasca a inajá, uma fruta pequena e oval, de casca marrom e polpa alaranjada. Ao prová-la, diz que "lembra uma polpa de coco. É bem delicada e sem nenhuma acidez. Muito boa". Em seguida, Disney apanha uma fruta de casca e polpa alaranjadas: "Esta é a pupunha. Ela tem que ser cozida em água e sal antes de ser provada. Gostamos de comê-la com uma colherada de manteiga e um gole de café", conta Disney. Mara prova a pupunha e diz lembrar uma "batata-doce. E é bem gostosa, viu?".

297

Inajá

Farinha de ralo

Chef Mara Salles e Walt Disney

Rambutã

Pupunha

Pirarucu fresco, açaí e farinha de tapioca

Maria do Perpétuo Socorro é cozinheira desde criança, quando fazia doces e salgados de festas para vender. Já foi presidente regional da Associação de Bares e Restaurantes (ABRASEL) e atualmente é chef-proprietária do restaurante Divina Arte, em Macapá.

# PIRARUCU FRESCO COM AÇAÍ E FARINHA DE TAPIOCA

Rendimento: individual

## ingredientes

*2 filés de pirarucu fresco com cerca de 100 gramas cada um*
*Sal a gosto*
*Limão a gosto*
*Farinha de trigo*
*Óleo para fritar*
*Açaí*
*Farinha de tapioca*

## MODO DE PREPARO

**1.** Tempere os filés de pirarucu com sal e limão. **2.** Passe na farinha de trigo. Frite em óleo quente até dourar. Retire do óleo e coloque sobre papel-toalha. **3.** Coloque o açaí em uma tigela e, por cima, polvilhe com farinha de tapioca. **4.** Sirva o pirarucu com a tigela de açaí e alguns pedaços de limão.

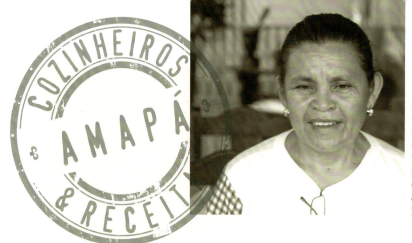

A amapaense Floraci Dias, mais conhecida como Flora, aprendeu a cozinhar aos 13 anos de idade. Começou a carreira de cozinheira vendendo peixe frito em um pequeno fogareiro às margens de uma rodovia. Com o passar do tempo e o incremento da clientela, abriu o Restaurante da Flora, no município de Santana.

# CALDEIRADA MISTA DE CAMARÃO PITU

Rendimento: 4 porções

## ingredientes

*500 g de camarão pitu*
*500 g de filhote ou peixe de sua preferência*
*100 g de cebola*
*100 g de pimentão*
*100 g de tomate*
*50 g de cheiro-verde*
*10 g de alho*
*50 ml de azeite*
*Leite de coco a gosto*
*Pimenta-do-reino e sal a gosto*
*Sal e limão para temperar o peixe*

## MODO DE PREPARO

**1.** Corte o peixe, lave e coloque em uma marinada com sal e limão por 15 minutos. **2.** Lave o pitu em água corrente e reserve. **3.** Coloque uma panela no fogo com o azeite. Refogue a cebola e o alho. Junte 1 litro de água e, quando ferver, acrescente o pitu, o peixe e o resto dos ingredientes. **4.** Deixe ferver por 20 minutos em fogo alto. **5.** Sirva em seguida com arroz branco.

Solange Batista é cozinheira em Macapá. Entre suas habilidades culinárias, destaca-se o preparo de carne de tartaruga. Atualmente, Solange é instrutora do SENAC-AP e responsável pelo Restaurante Café Amoré, na capital amapaense.

# FAROFA DE TARTARUGA NO CASCO

Rendimento: 4 porções

## ingredientes

*Casco limpo de 1 tartaruga-da-amazônia*
*500 g de farinha de mandioca torrada*
*1 cebola pequena em cubos*
*1 tomate sem sementes em cubos*
*1 dente de alho picado*
*4 folhas de chicória picadas*
*1 maço de cheiro-verde picado*
*1 pimenta-de-cheiro verde picada*
*1 pimenta-de-cheiro amarela picada*
*Sal a gosto*
*Azeite*

## MODO DE PREPARO

**1.** Leve o casco da tartaruga ao forno quente por cerca de meia hora para desprender sua gordura. Reserve. **2.** Refogue em azeite a cebola, o alho e as pimentas numa panela. Junte a farinha de mandioca e misture em fogo baixo até ficar crocante. **3.** Acrescente o tomate, a chicória e o cheiro-verde. Acerte o sal. **4.** Coloque a farofa no casco da tartaruga. Misture bem para que a gordura desprendida passe para a farofa. **5.** Asse por outros 5 minutos e sirva.

# Serviço

**FLORA RESTAURANTE**
Rodovia Salvador Diniz, 1370-A, Igarapé da Fortaleza
(96) 3283-2858
Santana – AP

**SORVETERIA DOCE MÃO**
Av. Maranhão, 219, Pacoval
(96) 3223-3559
Macapá – AP

**ASSOCIAÇÃO DOS AGRICULTORES DA VILA VALDEMAR (DERIVADOS DA MANDIOCA)**
Retiro São Manoel, Vila Valdemar, Comunidade do Coração
(96) 99134-6239
Macapá – AP

**CRIATÓRIO DE TARTARUGA**
Sítio do Aragão
Estrada Macapá – Mazagão
Santana – AP

**CARNE DE TARTARUGA (SOLANGE E MORUBIXABA BATISTA)**
Av. Iracema Carvão Nunes, 92, Centro
(96) 99119-8499
Macapá – AP

**MERCADO DE PESCADOS DO IGARAPÉ DAS MULHERES**
Rua Beira Rio, Perpétuo Socorro
(96) 99195-7509
Macapá – AP

**FEIRA DO AGRICULTOR**
Av. Sebastião Queiroz Alcântara, 3112, Jardim Felicidade
Macapá – AP

**DIVINA ARTE RESTAURANTE E LANCHONETE**
Av. Paraná, 602, Santa Rita
(96) 3222-1877
Macapá – AP

312    TRANSLATION

# A GASTRONOMIC EXPEDITION THROUGH BRAZIL
## VOLUME 3
## (PR - ES - AL - RR - AP)

## Back cover

Since 2012, the Culture and Gastronomy Festival of Tiradentes started to invest in research and knowledge, with intents of enriching the food culture of those attending the event. Over the following two years, a team of professionals from different areas researched and recorded the gastronomic production chain in twelve states. This trip's results can be read in the books A Gastronomic Expedition through Brazil, Volumes 1 and 2.

In 2014, the expedition was renamed Gastronomic Abundance Expedition and became part of the Abundance project, whose name is in reference to the diversity and culinary multeity of our country. The goal is to promote and develop the national cuisine, bringing together and integrating products, producers, chefs, industry, markets and the good food enthusiasts. All data collected during the trips are basis for holding events such as the Gastronomy Festival of Tiradentes and the BH Abundance and are publicized in books, documentaries, social networks, and radio programs.

In this book, the third in the series about trips around the country, we show what the Gastronomic Abundance Expedition discovered over three months and thousands of kilometers in the states of Paraná, Espírito Santo, Alagoas, Roraima and Amapá.

# INTRODUCTION

## Credits (p. 2)

**Text and photography:** Rusty Marcellini
**Research:** Rusty Marcellini and Adriana Benevenuto
**Proofreader:** Dila Bragança Mendonça
**Graphic Designer and Art Director:** Dushka Tanaka and Carlo Walhof (estudio vintenove)

THE GASTRONOMIC ABUNDANCE EXPEDITION TEAM 2014
**Idealization:** Rodrigo Ferraz
**Executive Producer:** Alexandre Minardi
**Coordinator:** Rusty Marcellini
**Producer:** Adriana Benevenuto
**Director and Screenwriter (videos):** Rusty Marcellini
**Images (videos):** Tatá Lobo, Lucas Campolina
**Audio Operation:** Felipe Correa
**Cutting and Editing (videos):** Tatá Lobo and Daniel Silva
**Photographer:** Rusty Marcellini and Adriana Benevenuto
**Driver:** Alexandre Cave

Table of Content (p. 4, 7 and 8)

## Presentation (p. 12)

The project of putting a team together and traveling around Brazil searching for our gastronomic treasure was conceived by entrepreneur Rodrigo Ferraz, in 2011. Within two years, named Gastronomic Expedition through Brazil, professionals from different areas researched, recorded and released the production chain dinning in 12 states.

In 2014, the expedition was renamed Gastronomic Abundance Expedition and became part of the Abundance project, whose name is in reference to the diversity and culinary multeity of our country. The goal is to promote and develop the national cuisine, bringing together and integrating products, producers, chefs, industry, markets and the good food enthusiasts. All data collected during the trips are basis for holding events such as the Gastronomy Festival of Tiradentes and the BH Abundance and are publicized in books, documentaries, social networks, and radio programs.

In this book, the third in the series about trips around the country, we show what the Gastronomic Abundance Expedition discovered over three months and thousands of kilometers in the states of Paraná, Espírito Santo, Alagoas, Roraima and Amapá.

## The Production Chain (p. 16)

For the staff of the Gastronomic Abundance Expedition, the research on the production chain consists of learning about all that involves gastronomy in the given location from exploitation of raw material to the very production, distribution centers, and how it is placed on the market through recipe by a local cook. To help the overview of this chain, we divided the understanding of the processes in the following topics: biomes and terroirs, products and producers, local traditions, fairs and markets, chefs and recipes.

- **Biomes and terroirs** - The biome is the geographic space characterized and influenced by climatic aspects, vegetation, soil and altitude. Terroir, on the other hand, is a French term meaning territory and is used to designate a product cultivated within a limited area.
- **Products and producers** - In this chapter we highlight the relationship of a professional handling either crafted or industrial products, be it during cultivation or improvement before reaching the market.
- **Local traditions** - Depicts habits rooted in historical practices in given places. Such traditions are followed and shared among generations, validating the transference of culture.
- **Fairs and markets** - In this section we point out sales and exhibition places of ingredients and products. The distribution centers are to ensure that the products producers grow reach the final consumer.
- **Chefs and recipes** - Finally, we present the last level in the production chain, in which the chef handles a given ingredient or product, by means of a recipe, to create a dish for the final consumer.

## The Expedition Team (p. 18)

It is a privilege to travel around Brazil in search of gastronomic and cultural treasure of our land. Every day the team was surprised by a something new. In Guaraqueçaba, Paraná coast, we tasted honey of stingless bees directly from the hive. In Roraima we visited with Indians and learned about the caxiri and the damorida, the first a drink derived from the fermentation of manioc and the latest a soup with types of pepper, fish pieces and black tucupi. Such experiences made us grow as people and see a rich and diverse country.

During the three-month journey, the team consisting of Rusty Marcellini (director and photographer), Adriana Benevenuto (producer), Tatá Lobo (cameraman), Lucas Campolina (cameraman), Felipe Corrêa (audio operator), Alexandre Caverna (driver), and I traveled thousands of miles by car, on boats and airplanes.

Through words and their local accents, we learned about the various levels of the production chain. And by recording and publicizing the work of people who passionately deal with food, we hope to create a national identity which makes us proud of being Brazilian citizens.

**Rusty Marcellini**
**Coordinator for the Gastronomic Abundance Expedition**

## Special Thanks (p. 20)

The Gastronomic Abundance Expedition team would like to thank the chefs Rodolfo Mayer (Angatu – Tiradentes, Minas Gerais), Pablo Oazen (Garage Gastrobar – Juiz de Fora, MG), Thomas Troisgros (Olympe – Rio de Janeiro, RJ) and Mara Salles (Tordesilhas – São Paulo, SP) for they followed us during the trip. Know that it has been a pleasure to have you all as fellow travelers and that the pleasant moments around the table are forever saved.

## Learn more (p. 22)

In 2015 the Gastronomic Abundance Expedition will go through the states of Goiás, Tocantins, Pará, Maranhão and Piauí. To follow the expedition on the Internet or to contact the team, please visit:

f  farturagastronomia

@farturagastronomia

farturagastronomia

<www.farturagastronomia.com.br>

## Paraná

### IN THE LAND OF BARREADO AND CRACÓVIA (p. 30)

The first appointment in Paraná was early in the morning at Rodoferroviária, in Curitiba, to take the train to Morretes, leaving at eight in the morning. The tour is an amazing experience that enters the gorgeous Serra do Mar. In the Paraná coast we met Marcelo, a confectioner who produces banana candies, and we learned how barreado, typical dish from that state, is made. On a boat, we traveled to the isolated city of Guaraqueçaba, where we visited a meliponary of native bees, and the Superagui Island to talk to Mr. Lopes. He told us he grows mangrove oysters in the bay in front of his house and prepares them over a hearth in his restaurant.

In the countryside, Paraná, we visited Prudentópolis, where most of the inhabitants are Ukrainian descendants. There, Luiz Alberto Opuchkevitch introduced us to Cracóvia, a pork sausage symbol of the Paraná cuisine. In the historic city of Lapa we tasted another important local dish: lapiana grits. Ending the trip in the countryside, we visited Astrid's little factory of butter cookies, in Palmeira. Astrid is a Dutch descendant smiling lady. In Curitiba, chef Celso Freire guided us in the municipal market showing us some of the ingredients he uses in his cuisine such as pinion and grits. Manu Buffara, chef at the restaurant Manu, pointed out the importance of valuing local producers. Then she prepared a native passion fruit shot with Imaruí shrimp and native bee honey.

### THE GUARAQUEÇABA MELIPONARY (p. 38)

Éderson Holdizs is a meliponary owner in Guaraqueçaba, a coastal city in Paraná located in the largest continuous area of preserved Atlantic forest in Brazil. His work is to grow native stingless bees. "The native bees are those which existed in Brazil before the introduction of the European bee, Apis mellifera," Éderson explains. "Nowadays, unfortunately, the only honey with rules to be consumed in the country is the European bee honey."

The beekeeping of native bees both helps increase local residents' income and reinforces the preservation of the environment. "The activity does not cause environmental impact, as it does not require cutting trees down. In addition, the pollination of bees helps the restoration of the ecosystem." Says the meliponary owner.

Éderson grows about 20 native species of bees, each of which produces honey with a particular flavor. "Black uruçu makes a fine texture honey, floral aroma and acid flavor. The jataí honey, on the other hand, is a bit sweeter and very thin". Other species created by Éderson include tujuba, uruçu-boi, mandassaia, mirim, and manduri. "Some of them, such as tujuba, are in the red book of animals threatened with extinction in Paraná. Through our work, I expect to not only value the products of the hive, but also preserve the endangered species".

### THE OYSTERS FROM SUPERAGUI ISLAND (p. 44)

The boat trip to the tiny community of Barbados lasts about 90 minutes leaving from Paranaguá. The set of humble masonry houses is within the Superagui National Park, an eighty-four acre ecological sanctuary, which is unknown by most Brazilians and combines the importance of the Atlantic forest with the exotic mangrove. The exuberance of the ecosystem is one of the reasons to visit Barbados. The other reason is Mr. Lopes's restaurant.

Antônio Lopes said he has lived on the island "since forever." Just like him, most of the community's fishing families were born there. "There are about twenty houses. And there are families living here since Colonial Brazil," he said. At the age of 70 and very healthy, the fisherman said he had decided to open the restaurant in the mid-2000s to serve the meager tourists going through the area. The menu offers only that which can be found in the area: banana, cassava, and fish such as mullet, parati and robalo. However, the place became famous because of another dish served there: coal-roasted mangrove oysters.

While the so-called "Pacific oysters" served in most Brazilian restaurants are strangers introduced in the country, mangrove oysters are native. "They are picked here in front of my house," says Mr. Lopes pointing to the bay. "First, I pick the oysters in mangrove when they are still small. Then you just let them grow in nets, at sea, for one year." The fisherman says it is a custom of people in Barbados to coal-roast oysters. "When they open with the heat, they are ready." Then you just have to add it some lemon juice and a pinch of salt. You may taste that the mangrove oysters flavor is slightly sweeter than the Pacific oyster.

### THE PRUDENTÓPOLIS Cracóvia (p. 52)

Luiz Alberto Opuchkevitch is just one of thousands of Ukrainian descendants living in Prudentópolis. Owner of the Casa de Carnes Alvorada, a meat shop, he says 80% of the local population are either children, grandchildren, or great-grandchildren of Ukrainian immigrants. You just have to walk around the streets to realize that most people have fair skin, blond hair, and bright eyes. And many carry an accent. "The first houses built by the Ukrainians who came here were cabins. That's because they thought it snowed here," said Luiz laughing.

Prudentópolis became reference in Paraná for not only the beauty of residents with European features but also for being the land of cracóvia, a pork sausage. "Cracóvia is a symbol of the city. It was first made in the 1970s, when my uncle Dionísio decided to make a different kind of mortadella. But only in the 1980s did it become famous throughout the state. Today there are several cracóvia factories in Prudentópolis and other cities in Paraná," says Luiz.

The sausage is sold in the Casa de Carnes Alvorada in two sizes: 600 grams and 1 kilo. "In short, it is made with processed thick ground pork meat. It is then wrapped in cellophane and hung in a smokehouse," the entrepreneur explains it. Regarding the name of the sausage, Luiz says it was suggested by a Polish descendant who was a client at the meat shop. "Why not name it cracóvia which is a city in Poland?", asked the Polish man. Luiz's uncle accepted the suggestion and has since seen his creation grow in the state. "And whenever someone tastes a slice of it for the first time, they usually like it and ask for more," he said.

Restaurante Manu
Curitiba – PR

**JONKER COOKIES** (p. 54)

Whoever comes to the small Jonker factory, located in Palmeira, is suddenly caught by a pleasant aroma of baking cookies. In the spacious kitchen, employees shape cookies, stretch some dough and remove baking sheets from the oven. Astrid Jonker is the owner of the place. Dutch descendant, she was born in Carambeí, a city in Paraná where thousands of Dutch immigrants arrived in the mid-twentieth century "One of them was my father, Gerard, and my mother, Wyntje," says Astrid.

"In Holland, my father was a professional baker trained in a college specialized in confectionery," says Astrid. "If here in Brazil there is a bar on every corner, the Netherlands has a bakery on every corner." The baker tells that her parents owned a bakery and wanted her to become a baker. However, because she does not enjoy getting up early, she said: "I prefer to bake cookies. Because when it comes to it, you just have to close the package and it is ready: there is durability."

Astrid reveals she has learned to bake with her mother. "She taught me everything. And I keep doing as I learned. Everything is handmade and we use only quality ingredients" she guaranteed. She says products she is mostly proud of manufacturing are: stroopwafels, a caramel stuffed wafer like waffle; beschuits, a round toast which is twice baked to increase durability; and arnhense meisjes, pastry biscuits covered with granulated sugar. In addition to these delicacies, Astrid says, she has recently created a rolling stuffed with guava delicacy. "For I had to have a product that is typical Brazilian, right?"

**BANANA CANDIES** (p. 58)

One of the main attractions in Paraná is the train ride through the Serra do Mar, between Curitiba and Morretes. After crossing the Atlantic forest, past waterfalls, bridges and tunnels, visitors are greeted at the station by banana candy vendors. Both in Morretes and in neighbor city of Antonina, many families live exclusively on the income generated by the candy. One of them is Marcelo Cit's family. "I learned to make the candy as a child with my mother," said the young confectioner. "I made the candy and sold it to tourists at the train station, in the market, and at the door of restaurants serving barreado".

Marcelo says that nowadays, he and his father, Leonardo, are responsible for the production of the candy while his wife is in charge of sales. The confectioner tells his family used to buy third-party bunches of bananas. But with the increase of income, he started growing bananas in the backyard of his parents' house. "It is easy to grow it here in the region. There are banana trees in every bit of the coast." Soon the Cit family could have a banana plantation which currently contributes with a daily two-hundred-twenty pound production of candy. Marcelo says there is no secret in preparing the candy. "It takes work but making it carefully, watching the fire, and stirring the sweet so it does not burn, the candy is good," he said. He says it is first necessary to cut the navel that hangs from the bunch so the fruit becomes thicker. Still green, the bananas are removed from the tree and matured in a greenhouse. "They can only go to the fire when they have those black spots; very ripe." The next step is to put them in the pan, add sugar and bring to a wood stove. When the candy reaches a certain point of readiness, about two hours later, the pot must be removed from the fire to cool down. Then the banana mass is brought to the oven to dry. Finally, the sweet must be spread on a board and, when cold, cut into squares. "Then all you have to do is sprinkle sugar on it, pack, and sell it. And you'll be surprised: It will sell out," he said smiling.

**BARREADO** (p. 62)

One of the recommended restaurants to try the dish symbol of Paraná cuisine is in Paranaguá. The shop Casa do Barreado, founded in 1996, is a ventilated house with a balcony and plenty of green area. Norma Freitas is the chef and owner of the place. She makes sure to keep alive the tradition of preparing barreado according to ancestors' recipe.

"Historical records show barreado was first made 200 years ago, on sites in the coast of Paraná," said the chef. "Year-round, local fishermen ate only fish and seafood. Hence, for a change in the holiday season, they made barreado". Norma explains that the celebration was called "Shrovetide" and that it was similar to the today's carnival. "The caboclos danced the fandango and ate barreado to replenish energy".

The name barreado comes from the expression "barrear," which means to seal the clay pot with a mush made of manioc ash or flour. This is what keeps the steam in the pot during the cooking process. Concerning the ingredients of the dish, Norma says it is essential to use topside, chuck or knuckle. "It is the meat that gives flavor to the broth. It must be cut into large cubes put in the pan and add onion, garlic, tomatoes, black pepper, cumin and salt," she explains. Then the pot is sealed with the mush and it cooks over low heat for a few hours. Finally, the meat is served with rice, banana slices and mush made of the broth mixed with very thin manioc flour.

**LAPIANA GRITS** (p. 66)

The municipality of Lapa, 43.5 miles from Curitiba, has its origin in tropeirismo. Long ago, the city served as a landing for the drovers who went from Viamão, in Rio Grande do Sul, to Sorocaba, São Paulo, leading mule troops for sale. Currently, Lapa welcomes tourists visiting the historical center whose collection is listed by IPHAN. In addition to walk the cobbled streets and photograph the colonial mansions, visitors can enjoy another legacy of the drovers: the lapiana grits.

Founded in 1979 and led by Dona Rosa and her son Rodrigo, the restaurant Lipski offers in its menu the lapiana grits. Rodrigo explains that grits is a coarsely ground corn. "It is the leftover corn which must be cooked in a lot of water. When cooked, it looks like porridge," he said. At the restaurant, the dish is served with fried ribs, smoked meat, cabbage, tutu and rice.

**IN THE MUNICIPAL MARKET WITH CELSO FREIRE** (p. 70)

The Municipal Market of Curitiba opened in 1958, next to the Rodoferroviária. There one can find dozens of stands selling organic fruit and vegetable, coffee beans, pickled pepper, flour, meat, fish and seafood.

The chef Celso Freire, from Restaurante Zea Maïs, visits the market since he was a child. "I started coming here with my grandfather. And soon learned that we must look for the things we need and not wait for them to come," he said in reference to the purchase of ingredients. Celso tells that the market's customers are mostly from Curitiba. "It is not a place visited by tourists. Here we find the housewife doing the weekly shopping or an old man who needs some pepper" he said.

In a pepper stand, Celso greets the market man Paul Takahara, who works there for over 40 years. The chef tells us he learned to enjoy pepper with his grandfather: "He would cut it in half, remove the seeds, grill it on the wood stove, and then keep it in a glass jar. Then he covered it with olive oil and let the pepper rest in a cabinet. Every night he put a few drops in his food, in his soup".

In a fruit stand, Celso examines tangerines and limes. "In these months of the year I value citrus fruit," he said in reference to the winter. "We need to value the seasonal products. They are tastier and cheaper." In another aisle, Celso stands beside burlap sacks of beans. "These are grits," he introduced it to us. "It came with the drovers who traveled on mules from the South to São Paulo. It is broken maize, a sort of polenta with a bit thicker granulation. It is a very strong product in our culture and I love to use it in my kitchen," he said.

### RECIPE NATIVE PASSION FRUIT SHOT AND IMARUÍ SHRIMP
(p. 76)

Manu Buffara is from Maringá, Paraná and the chef at Restaurante Manu, in Curitiba. She was trained chef at Chef de Cuisine Restaurateur, at the European Centre. Manu has gone through some of the most renowned restaurants in the world, such as the Danish Noma and the American Alinea. One of the goals in her kitchen is to value the ingredients and producers from Paraná.
Yield: 8 servings
**INGREDIENTS**: 8 fresh and clean Imaruí shrimp, 4 native passion fruit cut in half (Save the pulp and the shell). **Marinade:** 50 ml of lime juice, 50 ml of native passion fruit juice, 100 ml of orange juice, 1 ½ spoon (soup) of sugar, 48 ml mirim sake, 10 g of grind onion, 15 g of grind ginger. **Passion Fruit Crumble:** 50 g of butter, 50 g of sugar
50 g of wheat flour, 1 small apple, Coriander sprouts for decoration
**PREPARATION: Marinade:** Mix all ingredients and marinade for 36 hours. Seal the shrimp with canola oil for 4 seconds on each side (leave slightly raw in the middle). Slice each shrimp into three pieces and place them back in the marinade for an hour in the refrigerator. **Passion Fruit Crumble:** Grate the apple and place it on a sieve. Squeeze the juice out. Mix the apple to the other ingredients until it is crumbly. Spread it on a cake pan on parchment paper or silpat and bake it in preheated oven at 212 °F for 90 minutes or until it is golden like and dry. Remove from oven, let cool and break the crumbles with the help of a pestle. **Finishing:** Remove the inner skin of the passion fruit shell to use as a cup. Add a teaspoon of passion fruit pulp. Complete it with the liquid from the marinade and 3 slices of shrimp. Sprinkle passion fruit crumble on the surface and finish with coriander sprouts. Note: Ideally, this snack is served cold to be taken as a shot.

### RECIPE LAPIANA GRITS WITH CRACÓVIA (p. 78)

Celso Freire was born in Colombo, metropolitan region of Curitiba. Graduated in Economy, he was the head of the kitchen at the Brazilian Embassy in London. When back to Curitiba, he was assigned head of the Restaurante Boulevard, which has become a reference in Brazil. He co-owns Zea Maïs and teaches Chef de Cuisine Restaurateur classes at the European Center.
Yield: 10 servings
**INGREDIENTS**: 500 g of fine corn grits, 120 ml of olive oil, 200 g of mushrooms, 250 g of mirepoix (onion, carrot, celery and leek), 75 ml dry white wine, 1300 ml of clear vegetable broth, 1 bunch of chives, 300 g of thin sliced cracóvia, 500 ml of dark broth, 150 g of butter, 1 sprig of thyme, Salt to taste, Black pepper
**PREPARATION:** Wash the grits in cold water and let soak for two hours. Sauté in olive oil the mirepoix ingredients. Add the drained grits and cook well. Add the white wine. Mix and let it dry completely, constantly stirring. Cover the grits with light vegetable broth and cook over low heat, stirring gently so as it does not stick to the pan. Slowly add the broth, until the grits are cooked. Adjust the salt and black pepper. Place the cold butter and mix well until completely dissolved. Keep the pan heated.

Sauté in butter the chopped mushrooms. Add thyme, dark broth and finish with cold butter pieces to thicken the sauce and make it shine. Adjust the salt and pepper. Dehydrate the slices of cracóvia placing them between sheets of paper towel and taking them every minute in the microwave until well crunchy. Finish the grits with chopped chives. Transfer to a warmed serving dish. Place the crispy slices of cracóvia and drizzle with the mushroom sauce.
**Service** (p. 80-81)

## Espírito Santo

### DELICACIES FROM THE MOUNTAINS AND THE SEA (p. 84)

As soon as we reached the serra capixaba, we were impressed by the grandeur of its main postcard — the Pedra Azul — a huge granite rock, which can be viewed from different locations around Domingos Martins. At the foot of the stone, we met barista Vagner. He guided us through the Fazenda Fjordland where coffee trees are grown under the shade of palm trees to extend the ripening of the grains.

Still in the mountain region, we talked to the French Isabelle, owner of Domaine Île de France, an organic product farm, including escargot; to the couple José e Bernadete, who keeps alive the inherited tradition of Italian immigrants to do the Socol, cured pork loin; and to farmer Maurício, who grows and sells various species of palm. Wrapping up our journey in the countryside, we went to Santa Maria de Jetibá to taste the brote, symbol of the Pomeranian descendants living in the region, it is bread made with white cornmeal and tubers.

In the coast of Espírito Santo, we visited the Meaípe Beach, where there are great restaurants specialized in moqueca. In the kitchen of Gaeta, cook Idalina taught the step by step of this dish that symbolizes the state's cuisine. In Guaramares, the restaurateur Vincent served us lobster and grilled shrimp for this unforgettable lunch.

In the capital of Vitoria, we picked up at the airport chef Rodolfo Mayer (Angatu, in Tiradentes), which accompanied us for a few days on the expedition. With him and the chefs at Soeta, Pablo Pavón and Bárbara Verzola, we visited the organic market at the Praça do Papa. In the following morning, we followed the work of potters from Goiabeiras, whose work is listed as a national intangible heritage. On the Caieiras Island, we spent the day with Rogers's family, experiencing the fishing of soft crab and the shredding of it by ladies of skilled hands. On the last day of the trip, we went to the culinary center of chef Juarez Campos, at Oriundi, to learn how we prepare a grouper with banana da terra.

### THE CRAB FROM THE CAIEIRAS ISLAND (p. 92)

Contrary to what the name suggests, the Caieiras Island is not an island, but a neighborhood that borders the Santa Maria River in the north-west of Vitoria. Former headquarters of a lime factory, the site attracts tourists and residents of the capital who are willing to enjoy regional food in the restaurants overlooking Vitoria Bay. The island is also reference in the city because it houses many families living on fishing and shredding of soft crabs.

Rogers Muniz is one of the many fishermen on the island who learned the craft as a child. "My father is the one who taught me to fish. From very small I always liked going out with him on the boat. Only then, we returned with the boat full of soft crabs. Today it looks like they are disappearing," he said. When asked about the differences between soft crab and crab, Rogers replied that "the soft crab has two front legs. The crab doesn't. In addition, we catch the soft crab with nets. But the crab is picked out from the mangrove mud."

Brote
Santa Maria do Jetibá - ES

When done fishing, Rogers docks the boat and hands his wife a plastic case with dozens of soft crabs. "It's up to her," said the fisherman. The soft crab shredder continues processing the crustacean cooking it in a huge pot. "In the past, people shredded the crab for their own. Today almost every shredder provides the meat to restaurants," he said. After cooking, the legs and shells are broken with hammers, separating the meat. Finally, the shredded crab is packed and stored in the refrigerator before heading to the restaurants on the island, where they will be served as either crab shell or sirizada.

## HEIMEN COFFEE (p. 98)

The Fazenda Fjordland is located at the foot of Pedra Azul, imposing granite rock and main postcard of the mountain region in Espírito Santo. Heimen Coffee is produced there. It is coffee considered by experts one of the best in Brazil. Vagner Uliana, barista and responsible for the coffee plantation, says that the reason for the emergence of the farm was the horse breeding of Norwegian breed Fjord. "The idea of cultivating coffee arose later as an alternative to the use of manure of horses," he sais.

Vagner explains that the little more than 15,000 Arabica coffee trees were planted under the shade of palm trees and large sized trees because the growth of the grains under the shade extends the ripening time, making them sweeter. "Another difference is that the entire harvest is done by hand, grain by grain, only when the fruit has a burgundy color, which is just beyond the cherry color," he said.

Those visiting the Fazenda Fjordland can follow the various stages of the production of coffee. It is possible, for example, to visit the drying ovens, the storage and ripening granary, and the coffee place where the coffee is roasted and ground. Vagner tells the farm coffee production is very small. "Only 882 pounds of coffee a year." Regarding the preparation of a cup of coffee, he says he prefers it brewed than the espresso, because "it is easier to taste its sweetness and its floral aroma."

## SÍTIO DOS PALMITOS (p. 102)

In the mid-2000s, Maurício Magnago, tired of the urban routine in Vitória and along with his wife Cássia, decided to move to serra capixaba. "When we bought the place, we decided to plant tomatoes. But when watching on the show Globo Rural information about the palm hearts, we changed our minds and decided to grow palm trees," said the farmer. In the Sítio dos Palmitos, in Domingos Martins, Maurício grows, benefits, and sells palm of different species such as juçara, peach palm, açaí, real australiana, and gueroba.

The extraction of the eatable core of the stem of the palm trees was condemned by environmentalists for decades, because the predatory extraction of juçara palm tree, in the rainforest, implied threat of the species. Maurício explains that currently the scenario is different. "In the past, juçara palm consumption corresponded to 90% of the market. Today most of the palm is from açaí trees". The producer says that besides this Amazonian palm tree, the cultivation of other species favors the sustainability of the business. "The peach palm tree and the real australiana also regrow, allowing multiple cuts and continuous production of palm heart," said Maurice.

To welcome visitors, the farmer built an area where he offers tasting and sells the products. There you can buy palm in different ways. "We have palm cut into rectangular blades to make lasagna, sliced as carpaccio, in strips as if it were spaghetti," said Maurício. In addition, he promotes tastings showing the differences of flavor and the versatility between one species and another. "The peach palm is slightly sweeter than the juçara palm. The gueroba, on the other hand, is bitter. "Concerning preparation, he says that "while the peach palm is great for grilling on a hearth, the juçara palm is ideal for making pickle."

## DOMAINE ÎLE DE FRANCE (p. 106)

Domaine Île de France is an agro-ecological station that includes a valley with lakes and springs, surrounded by mountains in the countryside of Domingos Martins. The owner, Isabelle Cicatelli, tells the name of the place is a tribute to her homeland, the administrative region of Île de France, in France. She says the area was purchased so you could have a place surrounded by rainforest, which would be dedicated to the cultivation of organic products. But over time she realized she would also like to teach the benefits of environmental protection to those who purchase their products.

Currently, the Domaine Île de France offers visitors a structure with hostel, restaurants, and several hiking trails. Isabelle says people can still learn about crops and organic growing. "We teach, among other things, about the importance of rest periods of cultivated areas and how it the revitalization of the soil happens," he says.

Regard the organic products, Isabelle grows "lettuce, watercress zucchini, garlic, eggplant, carrot, okra, tomato, pepper, broccoli, fine herbs, coffee, corn, beans, orange, grape, corn, peanut, and others. We grew pig, chicken (Domaine Île of France was the first farm in the country to receive this certification of organic food), rabbit, sheep, and milk cattle to make cheese and butter." Another peculiarity of the agroecological station is the practice of snail farming — as the French say, escargot. "All of these ingredients are used to prepare the dishes served at the inn and at the restaurants. The escargot, for example, is served classic French way: roasted with garlic butter and herbs accompanied by toast," he said.

## SOCOL AT SÍTIO LORENÇÃO (p. 110)

One of the main legacies of Italian immigration in the Espírito Santo can be found in Venda Nova do Imigrante. In the Sítio Lourenção, the couple José and Bernadete keeps alive a tradition coming from the Veneto region: the production of socol. "The original name was ossocollo, as it was made with the head of pork loin, which is located in the neck — collo in Italian — of the animal," José said. He says the delicacy is similar to Italian capocollo, better known in Brazil. as canopy. "With time and the change of pronunciation, ossocolo became socol" he explained.

José Lorenção says he learned to made socol with Cacilda, his mother. She, in turn, learned the recipe as a child with her Italian grandmother. The producer explains that initially the loin is salted and laid to rest in the refrigerator for two days to release water. The next step is to wash it, dry it and season it with black pepper. Then you wrap the loin in the pig peritoneum — the membrane that lines the organs. "The peritoneum maintains the moisture of the meat. The black pepper acts as a preservative and natural insect repellent," said Joseph. The last step in the process is to put it in an elastic net to shape it appropriately. It is then cured in a place with mild temperature and high humidity. "After about six months, you can feel by touching it if the socol is ready." If it is, you just pack it in vacuum bag and take it to the market."

Bernadette Lorenção, Joseph's wife, is responsible to receive visitors. She says that all who come to the site can learn about socol production process, visit the maturing room and taste it. "You must slice it very thin and eat in less than fifteen days, otherwise it becomes hard," teaches Bernadette. She says that the site produces about 3,527 pounds of Socol per month and receives an average of 400 visitors a week. "But much more important than selling socol is keeping alive the tradition inherited from our ancestors."

It is for this reason that the city of Venda Nova do Imigrante is seeking for the product's recognition of Geographical Indication (IG) through the National Institute for Intellectual Property (INPI). "Socol is something that identifies us and protects our culture," praised Bernadete.

### MOQUECA CAPIXADA (p. 116)

In Espírito Santo there is a popular saying often told tourists: "moqueca is the one from Espírito Santo, the rest is just moqueca". The saying was spoken for the first time by journalist José Carlos Monjardim, in the 1970s and expresses the passion of citizens from the state toward their typical dish.

The Meaípe Beach, in Guarapari, became nationally known when voted as one of the ten most beautiful beaches in Brazil by Guia 4 Rodas. The quiet fishing village, with quiet sea and coarse sand, is also a reference in the country for hosting some of the best restaurants specialized in moqueca. One is the Gaeta, founded in 1966.

The restaurant overlooking the sea, with tables on the sandy ground is managed by Idalina Vieira and Nhozinho Matos. She is responsible for the kitchen and he watches the main area. Idalina says there are no great secrets in the preparation of a good moqueca. "You just have to have great ingredients and follow the recipe," she said. Concerning the preparation, some rules must be followed. "The moqueca must be made and served in a clay pot. It must be made of local fish, i.e., whiting or sea bass." Concerning the ingredients, Idalina says she only uses onion, tomato, paprika and "a lot of coriander." As side dish, the restaurant offers white rice, mush and a small banana moqueca, the cook first made for a group of vegetarian customers. "Today this moqueca is served in almost every capixaba food restaurants in the state," she was proud to say.

### SEA-FOOD BARBECUE (p. 118)

Established in 1986, the restaurant Guaramare is one of the of the most acclaimed seafood restaurants in Brazil. And even not offering the traditional moqueca capixaba on their menu, it became a national reference in serving shrimps, lobsters, and fish grilled on coal. The person responsible for attracting tourists from all over Brazil to the restaurant is Vicente Bojovski, a Macedonian who arrived in the country in 1982.

"I've been almost everything and have worked almost everywhere: in factories, restaurants, stores," said Vicente with soft-spoken and accent. "I ran the world before coming to Rio de Janeiro, where I met Nadia, my wife. We came to your land, Espírito Santo, and fell in love with this coast." Before becoming restaurateur, Vicente was a poet and painter. And he still dedicates himself to the works of art in his studio, located in the back of the restaurant.

The decoration in Guaramare is rustic, with bricks exposed on the walls and marine artifacts. When customers are to order, Vincent approaches the table. But before giving suggestions, he likes to show an imposing copper tray with snappers and ciobas, VG shrimps, and big lobsters. "What do you want to eat today? Paella? Or would you prefer pasta and seafood? There is also a mix of grilled and Greek rice," he says. The Macedonian explains that the preparation of the ingredients takes place in the heat of the coals in the hearth. The fish are grilled with head and scales, which are taken off only at the time of serving, avoiding it to dry out. The prawns are made with the shell to maintain the juiciness. And lobsters are cut in half before being prepared. "Everything is very simple, because I want the customer to taste the fish, the shrimp, and the lobster. Other seasoning only spoils the food," he said. When ready, the application is brought to the table in a massive paella pan. The dish is prepared by Vincent himself, who furnishes the seafood with Greek rice, potatoes with parsley or tagliatelle in butter. To finish he spreads delicious butter and caper sauce over everything.

### BROTE (p. 124)

In the second half of the 19th century, hundreds of German families immigrated from the former region of Pomerania, current western Poland, arrived in the port of Vitória. Encouraged by the Brazilian government, immigrants went to Espírito Santo to work in agriculture. Isolated in the mountains and with little contact with the Brazilian people, settlers have preserved to this day part of the Pomeranian culture, such as the dialect pomerod, the black dresses brides and a bread named brote – or broud.

It is estimated there are more than one hundred thousand Pomeranian descendants in cities such as Santa Maria do Jetibá, Santa Leopoldina, and Vila Pavão, in Espírito Santo. One such person is Angelina Kopp Schmidt, who lives in the countryside of Santa Maria do Jetibá. The preparation of brote, a round loaf made of white corn flour instead of wheat flour, is among her specialties. "When Pomeranians arrived in the hills, they failed to grow wheat because of the hot weather. Then planted to corn." Angelina says that brote is usually served on party days such as birthdays and weddings. Its name may vary depending on the ingredients used, and may be called mijabroud (corn brote) or bananabroud (banana brote). She teaches us that, after milling of white maize in Moorhen mill, grate the other ingredients: yam, cassava, and sweet potatoes. "The settlers introduced these Brazilian ingredients to the recipe and ended up liking it," said the cook. "Add yeast, eggs, salt and sugar to the dough. Before shaping the bread, light up the wood fire in the clay oven and let it warm enough." The next step is to spread on the bread a mixture of eggs and yams-gizzards, or yams-the-air, grated. The brote, weighing more than a pound, is then placed on banana leaves and in the oven to bake. "When ready, it lasts several days. And one should eat it with butter and honey or homemade jam," says Angelina.

### THE POT MAKERS IN GOIABEIRAS (p. 130)

The clay pots made by artisans in the Goiabeiras neighborhood in Vitória, became one of the main symbols of Espírito Santo. Produced as the indigenous secular tradition, the pots play a fundamental role in the Espírito Santo cuisine, for in them are prepared and served the moqueca.

The work as a potter is an activity dominated by women whose knowledge is passed on from generation to generation, ensuring the financial support of countless families. Berenícia Corrêa Nascimento, president of the Associação das Paneleiras de Goiabeiras, says she learned to make pans "as a child with her mother. It's something you learn very early."

Established in 1987, the association was created to defend and protect the interests of potters. Its headquarters is in a shed where hundreds of artisans engage in the craft and sell the pieces they produce. "The association is a tourist point of Vitória. Tourists coming to town always want to buy pans and see how they are made," said Berenícia. The artisan points out that since 2002 the work of the Goiabeiras potters is listed in the Knowledge Book of the National Institute of Historic and Artistic Heritage (IPHAN), ensuring the preservation of the activity as intangible heritage of Brazil.

The artisan Gecilene Fernandes, a relative of Berenícia's, tells how the pots are produced. "It all starts with the removal of clay in the Mulembá Valley. Then the clay is cleaned and trampled to soften" she said. The raw material is then delivered to the artisans for shaping pans. The following is the air drying, polishing with

Paneleiras de Goiabeiras
Vitória – ES

shingle, and burning at the bonfire, in open air, made with construction waste material such as slats and wooden planks. Finally, the pots, still hot, are flogged with a sort of broom made of muxinga (common creeping wild plant in the region) and tannin removed from the mangrove tree bark surrounding the site is spread on them. "That's what gives it the black color," she explained. After this process, the pots are placed on the stands of artisan within the association. When sold, they head to different corners of the country.

**ORGANIC MARKET IN THE PRAÇA DO PAPA, WITH PABLO PAVÓN AND BÁRBARA VERZOLA** (p. 138)
The Organic Market in the Praça do Papa, located in Suá Beach, in Vitória, weekly happens on Wednesdays afternoons. The market brings together organic producers from the surroundings of the capital, especially in the mountainous region. Chefs at Soeta, Pablo Pavón and Bárbara Verzola, go there whenever it is possible. "We like to come here either to buy quality ingredients for the tasting menu in the restaurant or to establish contact with producers," said Bárbara. Many marketers are Pomeranian descendants, people who for generations work in agriculture, respecting and valuing what the earth gives. Bárbara explains that Soeta proposes to use seasonal ingredients. "We have the habit of coming here to learn which products are good."
Pablo is Ecuadorian and moved to Brazil following his friend Bárbara's invitation. The two met in 2008, in the kitchen of El Bulli in Spain. "In 2010, we established Soeta and has since shared the position as head of the kitchen," says the woman from Espírito Santo. Bárbara recalls that at the time she used the market to introduce Pablo to local products. "This is where I first saw taioba, tapioca, and yam," says the cook.
When browsing the stands, the chefs tell which products they use on the restaurant menu. "With the sorrel, which is slightly acidic, we make a salad with tomatoes, chocolate, and persimmon," said Pablo. "We used to make a taioba gnocchi. And with green bananas I make stuffed meatballs shredded soft crab". He says the recipe was created because in coastal Ecuador it is common for people to substitute breakfast bread with green banana muffins. "And in the Espírito Santo coast everyone eats crab. I wanted to unite these two cultures with this dish," he explained.

**RECIPE SALT GROUPER WITH BANANA-DA-TERRA AND PUMPKIN** (p. 144) - Juarez Campos is chef and owner at Oriundi, restaurant in Vitória, and a member of the Associação dos Restaurantes da Boa Lembrança. Juarez studied at Cordon Bleu, in Paris, and at the Italian Culinary Institute for Foreigners, in Piedmont. Currently he teaches at gastronomy colleges in Vitória and is CBN radio commentator. Yield: 6 servings
**INGREDIENTS:** 1.5 kg of grouper fillet, 100 g of thick salt, 6 ripe medium tomatoes, seeded and diced, 3 medium onions diced, 1 chopped cilantro pack, 3 ripe bananas-da-terra, 500 g of red precooked pumpkin cubes (optional), 4 table spoonsof annatto oil (annatto seeds boiled with oil), ½ cup (tea) of oil, 1 cup (tea) of fish stock (made with the head of the fish, onion, tomato, cilantro, annatto oil and water), chopped chive
**PREPARATION:** Salt the grouper fillets with salt and refrigerate it for 3 days. Daily drain the water that is released. On the eve of preparation, remove the salt from the grouper fillets in cold water by changing the water every 4 hours (8-12 hours in the refrigerator) and cut into about 200 g portions. In a capixaba clay pan heat the olive oil and sauté half the onion. Add half tomato, coriander, and annatto and lightly sauté it. Arrange the fillets in the pan, with the banana and the pumpkin, if using. Cover with the remaining seasoning and add the fish stock. Cook the ingredients and set the seasoning. Add chopped chives, drizzle with a little olive oil, and serve with rice, fish mush, and chilli pepper on the side.

**RECIPE GREEN BANANA AND SOFT CRAB MEATBALLS** (p. 146)
Bárbara Verzola, from Espírito Santo, and Ecuadorian Pablo Pavón met in the kitchen of El Bulli in Spain. Since 2011, the two share the kitchen at Soeta in Vitória. The restaurant specialized in contemporary cuisine and is awarded as the best in the state by specialized magazines. Yield: four servings
**INGREDIENTS: Meatballs** - 2 green bananas-da-terra, 100 g of shredded crab, 1 tomato, 1 onion, Coriander, Garlic, Salt to taste, Pepper, to taste kingdom, Oil for frying. **Concentrated soft crab sauce** - 12 fresh soft crabs, 1 onion, 1 tomato, 10 g of chopped garlic, Fresh coriander, 1 potato, Water, Oil, Coriander sprouts to decorate.
**Preparation: Meatballs** - Cook the bananas until they are tender. Make a puree and season with salt and black pepper. Sauté the soft crab with onion, garlic, coriander and tomatoes. Reserve. Make meatballs with the mashed bananas. Fill with the soft crab and deep fry in hot oil. **Soft crab sauce** - Heat the oil in a frying pan and add the soft crabs. Cook until they are brownish. Add the spices, including the potatoes, and cover with water. Boil it until it is a tasty stock. **Finishing** - Place in a deep dish 100 grams of stock per person and four meatballs. Garnish with coriander sprouts.
**Service** (p. 148-149) (to be completed)

## Alagoas
### BACKLAND AND COAST TREASURE (p. 152)
The trip through Alagoas started in the backland. In Água Branca, the expedition visited the São Lourenço Mill, one of the few sugar mills still active in the state, which produces brown sugar, molasses, and alfenim. In Batalha, we learned how curd cheese, a symbol of the backland cuisine, is made. In União dos Palmares, we visited the Muquém community, where artisan Dona Marinalva makes clay couscous pans.
During our way through the capital Maceió, we spent the day with fisherman João Búia to follow the harvest and the processing of mussels in the Mundaú Lagoon. The following day we went to the Akuaba kitchen record the preparation of a crab coral recipe by chef Jonathan Moreira. Last day in the capital, we were at the Production Marketing with Wanderson Medeiros, chef at Picuí. He introduced the team and chef Pablo Oazen (Garagem Gastrobar, Juiz de Fora), who accompanied us, to some of his suppliers, such as Mr. Déda who delivers butter in a bottled and curd cheese. From the market, we went to the Picuí so Wanderson could show us the secrets of the preparation of quality sun-dried beef.
On the north coast of the state, we visited the cracker manufactory Maragogi, symbol of the namesake city. In the São Bento community, the grocer Dona Marlene welcomed us in her kitchen to tell how the gum cake is made. In front of her house, we talked to ladies who collect sea shells. Finally, in São Miguel dos Milagres, fisherman Adriano took us to catch sea urchins and then prepare them on a hearth put together on the beach sand.

### MUSSELS (p. 160)
The name Alagoas is a reference to the several lagoons nearby the state coast. One of the biggest is the Mundaú Lagoon, which generates income for many families through the selecting and processing of mussels, a small bivalve mollusk used in Alagoas cuisine. "It grows in brackish water, buried in the mud of the mangroves or in the bottom of lagoons," said fisherman João Búia.

Engenho São Lourenço
Água Branca – AL

"And almost every bar and restaurant in Maceió cooks mussels from the Mundaú Lagoon."

João Búia says the selecting of the mussels depends on the tide. "It has to be at low tide. That's why there are times when the fisherman takes the canoe at dawn," he said. "When we arrived at the spot of the lagoon where there are mussels, we throw the anchor, get off the boat and, with our hands, begin to pick the mussels out of the mud."

The canoe, little by little, fills with a mix of mud and black shells. João explains that they wash the mussels only after returning to the edge of the lagoon. After this step, the mussels are delivered to the despinicadeiras, women who perform the task of separating, cooking in boiling water, and removing them from the shells.

The processing of mussels was recently registered by the State Council for Culture and Intangible Heritage of Alagoas. João Búia says the passion of the citizens in Alagoas for the mollusk is so intense "there are competitions for the best broth in Maceió" he said. "Most recipes take the same ingredients: garlic, onion, tomato, mussels, coconut milk, palm oil and parsley. But there's always a cook with a better hand than the other, right?". When asked about the winner of the best mussels broth prize in the capital, João says it is the Massagueirinha bar, located in Ponta Verde neighborhood.

**HEDGEHOG AND SHELLS FROM COSTA DOS CORAIS** (p. 166)

The Environmental Protection Area (APA) Costa dos Corais was established in 1997 in order to preserve and protect the ecosystem of the second largest coral barrier in the world (second to Australia). With length of 81 miles, it ranges from Paripueira, 25 miles north of Maceió, to the beach of Tamandaré, in the south coast of Pernambuco. Those who dive in the warm, clear waters of the natural pools during low tide usually find a rich marine biodiversity such as octopus, lobsters, hedgehogs, and bivalve mollusks.

HEDGEHOG BARBECUE

Fisherman Adriano dos Santos is resident at Praia de Porto da Rua, in São Miguel dos Milagres, one of the most beautiful beaches in the country. He says that the region is visited by tourists because of the large coral reef range with its natural pools. Amid the limestone formation a lot of hedgehogs can be found. "But hardly anyone here, except for one or another fisherman, has the habit of eating them. And they are also not found in the menus of the restaurants."

Fortunately, Adriano is one of the locals who know how to collect and prepare them. With the help of two iron rods used as tweezers the fisherman removes the hedgehogs from the coral and keeps them in a burlap sack. Minutes later, in a bar facing the beach, Adriano lights up coal sticks in a small hearth. "I know of two ways to eat the hedgehog. The first one is raw. Simply open it in half with scissors, remove the orange part — the animal's gonads — and season it with salt and lemon. The other way, which I prefer, is to make a hedgehog barbecue. We place a handful of them on the hearth for five minutes and eat them with bread and olive oil," he said. The flavor, says Adriano, is a mix of sea salt with something slightly sweet.

BIVALVE MOLLUSKS (p. 170)

On the São Benedito beach, in Maragogi, the shell pickers go out to work only at low tide. "Depending on the day, for two or three hours, we can fill a bucket with clams," said Maria, who was born and raised in the north of Alagoas. The seafood picker says the region is rich in bivalve mollusks — invertebrate animals consisting of two protective shells. Pointing to a large, dark shell in her hand, she says "this one is the taioba" — also known as tarioba or lambão in other states. "Some people think it's the same as the lambreta. But it has nothing to do with it. The taioba is plumper, has more meat, and tastes better," he explained. Maria says she sells seafood on the streets of the village where she lives or during high season on the beach for tourists, who usually prepare clams with olive oil and garlic and eat them with rice or bread.

**MARAGOGI CRACKERS** (p. 176)

The Maragogi crackers became the main delicacy of the namesake municipality, on the north coast of Alagoas. The cracker is found in bakeries in the city and on basically every breakfast table at the inns. It also served to promote the resort in other territories, since it is sold in supermarkets in Pernambuco and Maceió.

The emergence of the cracker happened in the 1950s, when Claudinei Lira Pinto invented a recipe for salt and sweet pastry buttered cookies to sell in his bakery. Over time, the cracker gained more customers. The solution to the increased demand was to open a factory on the banks of the AL-101 Road. Currently Claudine's descendants are responsible for the production of the crackers and they pledged to follow the recipe they learned from their father. Next to the factory there is a small shop so that visitors can buy cracker packets or taste it with a cup of coffee.

**CURD CHEESE** (p. 178)

The curd cheese is the best known and most consumed cheese in Northeast Brazil. Fazenda Arizona, producer of this which is a symbol of the backland cousin, is located in Batalha, a city that belongs to the dairy region of Alagoas. "It is a white cheese mass that takes little salt and has a certain 'bitterness,'" said Abelardo Rodrigues, the farm owner. "We make cheese from raw milk and give it the round shape. But there are places where they heat the milk and shape the cheese rectangular shapes." The farmer says he learned his craft from his grandfather. "Making cheese is something very old in this region. It started along with the first farms in the backland, centuries ago."

Abelardo tells his cows are Dutch. "They give milk with less fat than the Jersey cattle, but they have a longer period of lactation. And they also adapted very well to the backland" he said. Immediately after milking, the milk goes to the dairy. "Ideally, the milk is not cold. Here on the farm, the curd is placed in the milk with less than five minutes of leaving the cow. "The Alagoas citizen explains that after the milk has been coagulated and turned into a solid mass, this is cut off, strained and brine. This is followed by molding round shape and the momentum. "The people here enjoy new cheese, with almost no time to mature. But for me the ideal is that it rests at least a week before being tasted, it will have more flavor. "

Although the manufacture of curd cheese is relatively simple, its use in cooking presents extraordinary possibilities: can be served as tapioca filling; barbecued, as in southeastern beaches; diced and mixed with green beans, white rice and dried meat to increase the baião de dois; cooked with milk and flour to thicken the mush; or melted and covered with cane molasses, closing a meal.

**SÃO LOURENÇO MILL** (p. 182)

The São Lourenço Mill is in Água Branca, in the Alagoas backland. Contrary to what many people may come to think, the temperature of the city is mild, and the humidity is high. The characteristics of the climate and soil fertility made this region one of the most favorable of Brazil for sugar cane cultivation. "When I was a kid and helped my grandfather to make brown sugar, there were many mills here," said the farmer Maurice Brandão. "Now ours is one of the last still in production." If once the brown sugar was a valued product, it currently lost ground for the industrial sugar. "People want the white sugar and with it the culture of making the brown sugar disappears.

Maurice tells the mill is in operation only during the sugarcane harvest, between September and April. He reveals that the raw brown sugar production process begins with grinding the cane and the extraction of sugarcane juice. "The bagasse is used to fire the boilers and heat the broth," he said. "As it boils, employees remove the foam with impurities to improve the sugarcane juice." Hours later, Maurice begins to pay attention to the thickness of the brown sugar. "It is by looking, analyzing the thickness of the stream that runs the scoop." After reaching the expected thickness, the molasses is placed in a wooden trough for cooling. Finally, it is placed in molds to solidify.

Besides raw brown sugar blocks, the São Lourenço mill produces mill honey (or molasses), brown sugar and alfenim. Maurice says that each product has a different boiling point. "Honey is removed early in the process. Sugar, on the other hand, is the last. The funny thing is that most people think the raw brown sugar is the ground brown sugar. But one thing has nothing to do with the other. Sugar crystals are formed by sucrose." About alfenim, he explains that it is done the same way the coconut candy is: stretching the dough until it whitish. "It is a kind of toffee candy. It is a beautiful tradition to see the ladies stretching sugar with their hands. Also, here at the mill they make an alfenim that resembles a rose," she said proudly.

**THE COUSCOUS PANS OF MUQUÉM** (p. 190)

Dona Marinalva is one of the few artisans in the Muquém community of the Palmares Union. She keeps alive the tradition of making couscous pans. The craft of modeling clay by hand removed from the Mundaú River, established for more than two centuries, is likely to end up not being passed to the next generation. "I have five children and twenty grandchildren. And just a twelve-year old granddaughter can make the couscous pan. But she has to go to school and can only help me from time to time," said the saddened potter.

Wanderson Medeiros, chef and owner at Picuí, restaurant in Maceió specialized in northeastern cuisine, is a fervent advocate of the letter of Dona Marinalva. He tells he visited the Muquém community in the company of friend and chef Guga Rock. "Guga was writing a book on the community cuisine and invited me to accompany him. And thus we discovered the beautiful work by Dona Marinalva". The chef says that despite her production of other earthenware, what impresses the most is the couscous pan. The rough piece of clay comprises of a lower compartment where water is placed, and an upper one with holes in the bottom, to place the couscous, including a cover. "Corn couscous is placed on a cloth, which must be closed and placed in cuscuzeira on fire. The steam hydrates it in a few minutes," said Wanderson. "Here in Muquém staff usually eat couscous with roasted dried fish". To publicize the work of Dona Marinalva, the chef sells couscous pans in her restaurant and she offers them the portions of corned beef patties requested by customers. In addition, it wont give friends and renowned chefs. "I hope so I can add value to cuscuzeiras and perhaps keep alive the Muquém handicraft tradition," he says.

**GUM CAKE** (p. 194)

The São Bento Community, few miles from Maragogi, is home to several families living of gum cake sales. Known in other regions of Brazil as sequilho, the dish is actually a small cookie in the shape of a shell, not a cake. His name came up as a reference to cassava starch used in the recipe. Despite being available in bakeries and supermarkets in the area, the gum cake is traditionally sold in the stalls set up on the margins that cuts the village.

Marlene dos Santos is one of the known quitandeiras of São Bento. Since mid-1980s, it produces gum cakes in a little factory in the back of his house. "I learned the recipe with my mother when the cookies were not the main source of income of the women, yet. At the time they were served only for visitors to accompany the coffee," he said.

With the growing of business, Marlene hired some people to be part in the staff and assisted in the production of the delicacy. "Today I receive orders from other states. Many tourists come here to see how the gum cake is made and then become customers." She explains the recipe ingredients are grated coconut, sugar, egg yolks and butter. "The hardest thing is to give the format of cookie shells with scissors. To do this, you must have good hand and patience," she said. Marlene reveals that the cookie is so important for the region that Maragogi intends to transform the way we make it into intangible heritage of the city.

**PRODUCTION MARKET WITH WANDERSON MEDEIROS** (p. 200)

The Public Production Market is the largest market in Maceió. Located in the neighborhood Levada, it gathers stands selling fruit, vegetable, pepper, dairy, meat, fish, crab, shellfish, spices, and other items. Unfortunately it is necessary to warn that structural and sanitary conditions on the site are poor, which ends up sending away visitors and consumers. Despite the neglect, one can find merchants selling quality products and find ingredients typical to the Alagoas cuisine.

In Laticínios Nossa Senhora de Fátima, Wanderson Medeiros, chef at Picuí, greets the owner. "This one is Mr. Déda, I know him since I was a child. He sells butter in the bottled, curd cheese and cheese butter for the restaurant," says Wanderson. "The butter he sells comes from Major Isidoro, the main town of the dairy region of Alagoas. It is a very creamy and unique flavor." In another sector of the market, the grocery, the chef picks a ripe cashew and says "many people teach that to make the sweet one should stick it several times with a fork and squeeze the juice before cooking it with sugar. But this is a mistake. For all the flavor is in stock, it will caramelize and become a wonderful sweet." Pointing to a small, oval and green fruit, the chef presents: "This is umbu, which is very bitter and makes our mouth water. The inside of the fruit is used to make umbuzada, a stew that is eaten with spoonful of flour."

In front of a stand with several meat hanging, Wanderson says many people mix up sun-dried beef, dried beef, and the beef jerky. "One has nothing to do with the other; either the way you make it, the process of conserving and desalting, or the taste are different" he said. "Beef jerky is made in the South and Southeast. It is cut, stacked flat, with thick salt and nitrate. The sun-dried meat is salted and placed either in a fresh place or in the refrigerator. The dried meat is cut flat, salted, and placed in the sun to dry completely." About desalting, he explains the jerky must be scalded — without ever boiling the water — the sun-dried meat must be two or three times soaked in cold water, and the dried meat is to be desalted and hydrated in a day. About the taste of each meat, it is said jerky has strong flavor. The sun-dried meat on the other hand is mild. And the dried meat flavor is in between one another. "At Picuí, I prepare and serve the sun-dried beef. I usually make it with tenderloin and serve it with curd cheese mush," he said.

**RECIPE SHRED CRAB FILLET IN ITS CORAL EMULSION** (p. 206)

The Bahia citizen Jonathan Moreira studied at Culinary Arts and Management of Restaurants and at the Institut Paul Bocuse, both in France. Jonathan worked in restaurants such as Laurent

Farinha d'água
Boa Vista - RR

Bouvier, Ledoyen and Bras. Back in Brazil, he became chef at the restaurants Akuaba and Espaço Vera Moreira, in Maceió. Yield: 4 servings
**INGREDIENTS:** 400 g of crab fillet, 1 chopped onion, 250 ml of olive oil, 1 egg, 2 tablespoons of dijon mustard, 100 g of boiled crab coral, The juice of 1 lime, 500 ml of soy oil, Salt to taste, Black pepper.
**PREPARATION:** Sauté the onion in the olive oil. Add the crab filet. Cook it for five minutes. Season with salt, black pepper and half the lime juice. Reserve. Place the egg and mustard in a blender. Turn on low speed and slowly add the soy oil until a thick mayonnaise. Finish with coral crab and the other half of the lime juice. Adjust the salt. Serve this coral emulsion with the crab.

**RECIPE GRILLED SUN-DRIED MEAT WITH CURD CHEESE MUSH** (p. 208) – Born in Picuí, interior Paraíba State, Wanderson Medeiros holds a degree in business administration and gastronomy from Senac, Alagoas. He is the host of Feito pra Você, cooking show aired on TV Record, the chef at Picuí and owner at W. Gourmet and W. Empório Café. Yield: 4 servings
**INGREDIENTS: Sun-Dried Meat** – 900 g of beef tenderloin, 40 g of refined salt, Butter in a bottle. **Mush** – 400 g of curd cheese, 80 g of fine cassava flour, 15 g of onion, 15 g of leek, 800ml milk, 30 ml of butter in a bottle, 3 grains of black pepper, 3 grains coriander, 1 bay leaf.
**PREPARATION: Sun-Dried Meat** – Spread salt throughout the meat. Let it dehydrating in the lower part of the refrigerator in a tilted pan for 4 hours, always discarding the brine formed. At the end of four hours, spread salt once again on the red spots (where the salt did not stick the first time) and return it to the fridge for 24 more hours to dehydrate. Be sure to discard the brine during the process. After this period, wrap the meat in plastic bag and store it in the freezer for at least 7 days. After thawing the meat, remove the salt by placing it in a container with water and rubbing it with your hands. Leave it there for 30 minutes in water. Change the water two or three times during the process. Pierce the meat and take it to the hearth; frequently turn it so it grills evenly (or place it in the oven at 392 °F for 40 minutes). After roasted, cut the meat and brush it with butter in a bottle.
**Pirão** - In a pan heat the butter in a bottle and sauté the onion, the leek, the bay leaves, and crushed black pepper. Add milk and heat until it boils. Strain and set aside.Cut the curd cheese into small pieces and blend with milk until it is smooth. Heat it with manioc flour, constantly stirring until it is the consistency of thick mush.
**Finishing** - Place the mush in the center of a plate and on top of it the grilled sun-dried meat.
**Service** (p. 210-211)

## Roraima

### IN NORTHERN BRAZIL (p. 214)
In Boa Vista, the only Brazilian capital located in the northern hemisphere, we picked up chef Thomas Troigros (Olympe, in Rio de Janeiro) at the airport, before heading to a fishery in the White River. After capturing cubiús and piranhas, we went to the restaurant Marina Meu Caso. There, we followed the preparation of local fish such as matrinxã and pacu.
Later we were at Tia Nêga's house, a lady who makes the meat paçoca that became a landmark in the city. In artisan Lidia's kitchen, an Indian from the Makushi ethnicity, we learned how the dish symbol of Roraima is made: the damorida, a stock with pepper, black tucupi, and pieces of fish. In the neighborhood Silvio Botelho, we met Flora and Rachel, mother and daughter who produce jiquitaia, a powder made from ground sun dried pepper.

Outside the capital, amid the tilled land of Roraima, we recorded in Taba Lascada community. On site we were greeted by Dona Terezinha and her husband Daniel, Indians from the Wapixana ethnicity. We learned from them about the processing of manioc. We saw the preparation of caxiri, drink made by fermenting the tuber, and the black tucupi, obtained by reducing the tucupi. On the last day of the expedition, chef Dona Kalu took us to the Rural Producer Market to introduce us to some local ingredients, such as murupi and olho de peixe peppers, the leaves of cariru, and the wines made from buriti and bacaba.

### THE FISHES IN THE BRANCO RIVER (p. 222)
The Branco River is the main river basin in Roraima. It bathes the capital of Boa Vista, and flows the Negro River, before it joins the Solimões River to become the Amazon. In the full period the river is plentiful in fish of different species and the ebb margins there are beaches that attract bathers.
Stanley de Lira, also known as Boboco, is one of the state's fishermen who best knows the Branco River. "I've fished in every part of the river," he said. In his motorized canoe, he climbs the river toward a creek. "Now we are in the closed season, which runs from March to June. Only fly fishing is permitted and even then one can only catch fishes up to eleven pounds. That is why we are going to an igarapé, there has clear water and you can see the fish in the river bottom," he explained.
Boboco sloped the canoe on the banks of an igarapé of clean and green water. Then he pick up a bucket and uncovered it. Inside there was fermented waste food with a strong, unpleasant smell. "In this bucket there is some of everything: Pieces of fish, rice, beans, vegetable. This is what we use to call the fish," said Boboco as he threw a bit of the mix of food in the water. He explained that the odor of fermented food will attract small fish, which in turn attract the adult one. "This is what we call 'to make a fishing'" he explained. Some time later, fishes about two-palm big were seen in the water. They were tucuranè. With the hook in the water, the fisherman says during the flood it is common to find in Branco River "pacu, matrinxã, pirandirá, catfish, jandiá". Minutes later, Boboco pulls the line and from the water a red piranha. Shortly thereafter, he fishes some cubiús before returning to Boa Vista.
The restaurant Marina Meu Caso is located on the Branco River banks. The cook responsible for the venue is Marina dos Santos, Boboco's wife. She told us the fish is usually prepared in two ways: roasted on the hearth or cooked in a stew. "The best fish to grill are tambaqui and matrinchã," said Marina. "As for the stew – made with tucupi, murupi and olho de peixe peppers, and jambu and chicory leaves – I like using pacu, catfish or jandiá. And I always serve it with rice, mush, and farinha-d'água," said the cook.

### MEAT PAÇOCA (p. 228)
Maria Perpétua Mangabeira, also known as Tia Nêga, became a reference in Boa Vista because of the quality meat paçoca she makes. The marketing of the product made in a small shop in the back of her house, is the main family income. "Thanks to the paçoca I could raise my children," she said. She tells the publicizing of the product and its success happened by passing on the news. "There are days I sell over a hundred pounds," she said. "There are people who ring the bell and pick up some paçoca" (always sold in packs of two pounds). "And there are people who call and order twenty or thirty packages."
Although the paçoca is usually associated with backland cuisine, its origin is indigenous. The word derives from the Tupi-Guarani, pa'soka, which means 'pounded thing'. Descending the Makushi ethnicity, Tia Nêga tells that the Indians were drying the meat and they pestled it with roots, bark, and flour. "Indian had no fridge,

right? Then they had to do something to the meat and make it last longer," he said. But when it comes to how she learned to make paçoca, she said she was with her husband, who is from Bahia and migrated to Roraima in the 1980s to work in gold mining. "He loved paçoca and always asked me to make it," he recalls.

Tia Nêga says that today her son Hidelfrance, also known as Juruna, helps in the preparation of paçoca. It is he who explains how to prepare it: "You have to fry the sun dried meat to the right point. If you fry little, it goes tender and cannot be ground. If you fry too much, it will taste like burned oil. And it has to be well dry". After frying, the pieces of meat are processed with farinha-d'água, coarse flour, typical in the region, made of manioc fermented in water. "We used the ratio of 70% of meat to 30% of flour. That's why our paçoca is so good; has more meat than flour," said Juruna.

**PEPPER SAUCE** (p. 230)

Archeological records indicate that different types of pepper were consumed in the Amazon basin since pre-Columbian era. Their use went beyond food: it was used as medicinal product, as offering in religious rituals, and even as currency for trading among riverine populations. In the present, it is still important for people in the North.

In Roraima, the fruit is part of the daily menu. "Here there is no meal without pepper," said Raquel Reis, pepper sauce producer. "I think the passion of the people in Boa Vista for pepper is due to the influence of Indians who have always inhabited this region. My mother, Flora, which is Wapixana ethnicity indian, always ate lots of pepper. It was she who taught me to eat it as a child," said Rachel.

Flora also encouraged Rachel to produce and to sell pepper sauce. "When I started making sauce, I suffered much because of the burning in my hands and the discomfort in my throat and eyes. Then I got used to it," he said. Rachel explains that there are peppers of different burning levels in the region. "I thought the worst was the malagueta. But then I met canaimé, which is common in Guyana. This one burns even more". She said there are three types of malagueta: malaguetinha, malagueta, and maluguetão. "Those who are weak for pepper should buy the sauce made only of maluguetão, because it is the mildest. Other common varieties in the region and widely used in local cuisine are the murupi and olho de peixe, both mild. To make the sauce, Rachel says it is essential to have high quality cooked tucupi. "There's not much secret in it, just blend the peppers with the tucupi and let it rest for a few days," she said.

Besides the pepper sauce, Rachel sells small jars of jiquitaia, consisting of different varieties of sun dried pepper milled to become a fine powder. "The jiquitaia is another legacy of the Indians. But they pestled the pepper. And we use an electric mill," he said. Rachel says jiquitaia is even stronger than the malagueta sauce. "You need to know how to use it , otherwise it burns," she warns. "But we love and use it in everything: sprinkled over a sun dried steak, for seasoning soups, or mixed in the flour with the food."

**DAMORIDA** (p. 234)

Artisan Lídia Raposo, from the Makushi ethnicity, divides her time between the Raposa Serra do Sol Village and the Boa Vista City. In the studio in the back of her house, she works and shapes the clay to turn it into clay pots. It is in these pots, following the Indian tradition, the people from Roraima prepare one of the dishes symbols of the state: the damorida, a pepper stock with pieces of fish or meat.

Before telling about the preparation of damorida, Lídia praises the importance of the clay used to make the pan in which it is served. "The Indian has a great respect for nature. That is why when it is time to take the clay out of the forest, they talk to nature and offer something in return, such as a piece of meat, or a drink. And people who are sick or in bereavement cannot touch the clay," said the artisan.

The damorida is "the dish of the Indians daily life," said Lídia. "Whenever an Indian receives a guest, they make the damorida as a welcoming." Lídia explains that, despite being one of the most important in Roraima cuisine, the dish is not found in restaurants. "It's a food that we only find in people's homes," she said. Its preparation is simple: just put in boiling water a handful of different varieties of pepper, such as malagueta, murupi and olho de peixe, leaves of pimenteira or cariru, some black tucupi (made reducing the tucupi), and fish pieces or meat. "With the damorida, which is served in a bowl, we offer a piece of manioc bread, which can be dipped in the stock or used as a spoon to pick the pieces of meat," Lídia explains.

MANIOC DERIVATIVES (p. 238)

The indigenous community of Taba Lascada is a 30-minute drive from Boa Vista. There lives Dona Terezinha and her husband Daniel, both from Wapixana ethnicity. The two were born in Guyana, but moved to Brazil for over 20 years. The place they live has no electricity, and the huts are simple, with dried buriti leaves ceiling, dry mud walls, and dirt floor. One of the couple's livelihood is the proceeds from the sale of products made from manioc, i.e., farinha-d'água and tucupi.

While Daniel works roasting farinha-d'água, Dona Terezinha explains it is made of a dough mix of grated manioc and manioc mass, that which has undergone fermentation in water. The indian woman tells that after grating the manioc, tucupi is extracted to be boiled and sold. Besides these products, Dona Terezinha usually uses manioc to make caxiri and black tucupi.

THE CAXIRI

Dona Terezinha explains that caxiri is an indigenous ancient beverage made by fermenting manioc. Its preparation begins with the production of a thick manioc bread, toasted in the pan. The tapioca is then softened in water, placed on a cloth, and seasoned with periquiteria (also known as curumim) and dry leaves. Everything is covered with green periquiteira branches and the canvas is closed. Two days later it is time to "lift the pajuaru" (fermented manioc), said the Indian. It is then a mass covered in fungi with a strong fermented aroma. Dona Terezinha tastes the pajuaru and says it is still sweet. She explains that you can use the dough still sweet to make juice or cake, or close the canvas to ferment for three more days. When little fermented the dough is mixed in water to make a juice that anyone can drink, including children. But when the fermentation takes place for several days, with much of the manioc sugar processed into alcohol, caxiri is made mixing the dough with water and sieving it. "This is how you make the beer, the Indian's cachaça. On party days, we do not have white people's drinks, but some of our caxiri," she said.

BLACK TUCUPI (p. 242)

Another product derived from manioc is black tucupi. Not as much known as the yellow tucupi, it is key ingredient in the Amazon cuisine to prepare the tacacá and the duck in tucupi, black tucupi is obtained by reducing the former. Its consistency is thick, reminding molasses. Its color, red. Dona Terezinha says the black tucupi was the solution found by the Indians to keep tucupi longer. "Indians have no refrigerator. Yellow tucupi lasts few days. The black one does not. This one we can keep for several months," she explained. She said the ingredient is mainly used as a seasoning in stews. "To make the black tucupi, we need to put a lot of tucupi in a pan and let it reduce for five, six hours. Then, when very dark, we take it off the fire and put it in bottles" he said.

In the Rural Producer Market with Dona Kalu (p. 248)

The Rural Producer Market in Boa Vista is the most traditional and visited market in the capital. In their stands one can find regional ingredients such as pepper, fruit, flour, and fish. On the other hand, in the stands around the market, every day cooks prepare dishes that are part of the daily life of the citizen in Boa Vista, such as minced sun dried meat with pumpkin, pacu stew, stuffed tapioca, and buriti and bacaba juices.

One of the costumers in the market is the cook Olinda Pereira de Melo, known as Dona Kalu. Daughter of a wapixana woman and northeastern father, she explains that the Roraima cuisine combines Indian and backland cultures. "Many Northeastern migrated to Boa Vista in the 1980s to work as miners. And the northern Indian – the north of the State and from Guyana – also migrated to the city. That's why the people here like to eat sum dried beef with pepper, manioc gum cake, fish stew or meal," said Dona Kalu.

In one of the aisles in the market, the cook shows the pé de moleque from Roraima. "It is made from manioc mass wrapped in banana leaves and baked in clay oven" he said. Later, in a stand with plastic bottles filled with tucupi, she explains how to choose it: "The more there is sediment in the bottle, the better. But it is also necessary that the tucupi color is bright yellow. Pale Tucupi indicates old tucupi". In the vegetable sector, Dona Kalu points leaves used in the local cuisine: "the Cariru is placed in the soups. Chicory is to season the tucupi. And mastruz is used as a medicine for flu."

Elsewhere in the Market, there is several plastic bags with colorful juices on horizontal refrigerators. "They are fruit pulps we here call them 'wine', as they are a bit sparse. There is açaí wine, buriti wine (a brownish bark of fruit, giving in bunches and has a very strong aroma) and the bacaba wine, a tiny berry, that grows in Palms and is similar to the acai " he says.

**RECIPE DONA KALU'S DAMORIDA** (p. 254)

Olinda Pereira de Melo, better known as Dona Kalu, is a self-taught cook with more than 40 years of experience. Descendant of a wapixana mother and northeastern father, Dona Kalu worked as an instructor of regional cuisine and participated in events in Brazil representing the Roraima cuisine. Yield: six servings

**INGREDIENTS:** 1 pound of fish fillet (gold or filhote), 1 liter of tucupi, 1 liter of water, 3 chicory, 6 large tomatoes, 3 large onions, 3 parsley packs (coriander and chives), 10 types of peppers, Juice of 1 lime, Salt to taste, 2 tablespoons of black tucupi, 1 tablespoon (soup) of olive oil, Various peppers (murupi, malagueta, Olho de peixe, canaimé).

**PREPARATION:** Wash the fish in water with the lime juice and set aside. Chop every seasoning: Tomato and onion into slices; parsley, endive and the smell of pepper into strips. Reserve. Place in a clay pot tucupi and water, half the spices, and bring it to boil, always removing the foam that rises to the surface. Simmer for 30 minutes, place the fish seasoned with salt and cook it for 10 more minutes. Place the rest of the reserved seasoning, turn off the heat and cover the pan. Finish with 1 or 2 tablespoons of black tucupi. In a separate bowl, place the hot pepper — murupi, malagueta, olho de peixe, and the powerful canaimé (if you can endure the burning) — mixed with 1 tablespoon of olive oil and 2 scoops of tucupi sauce. Serve with manioc tapioca.

**NOTE:** The version of Dona Kalu's damorida offers the pepper sauce on the side, because many cannot stand the burning dish when made with these types of pepper.
SERVICE (p. 256)

## Amapá
**GASTRONOMY ON THE EQUATOR** (p. 260)

The team arrived in Macapá on a flight coming from Belém, because only by plane or boat one can get to the capital of Amapá. In the city cut by the imaginary line Equator, we met the ice cream man Simon, who introduced us to the ice cream made of tucumã, fruit of an Amazonian palm tree. During the visit to the Coração community, the flour maker Eucinaldo and his brothers taught us how the transformation of manioc into farinha-d'água, tucupi and tapioca flour happens.

In the municipality of Santana, we caught a boat and followed the Amazon River to the community Matapi-Mirim. There, fisherman Isalino showed us how they catch pitu, a huge freshwater shrimp. Then we went to Restaurante da Flora so chef Floraci could prepare us a stew of pitu. In Mazagão community, we visited a turtle breeding site legalized by Ibama. Back in Macapá, chef Solange taught us recipes with the flesh of the chelonian, such as hash, stew, and turtle flour.

At the end of the expedition eve, the marketers and the fishermen of the Mercado de Pescados do Igarapé das Mulheres showed us the most common fish species in the state. In the Farmers' Market, Walt Disney, owner at the Divina Arte restaurant, introduced the team and chef Mara Salles (from Tordesilhas, in São Paulo) to some of his suppliers, such as Dona Deusa, who sells jambu, chicory and basil. At the market we discovered the taste of fruits unknown by many Brazilians, such as peach palm and inajá.

**PITU** (p. 268)

Pitu is a huge freshwater shrimp inhabiting the streams that flow into the Amazon River. In Amapá, it can be found and sold in the city of Santana, where it is the main source of income for many families in the region.

In the Matapi-Mirim community, the fisherman Isalino Soares follows the tides to pick pitu. "It can only be picked during pacuema, the ebb tide," he said. "It is at that time of the day that we check the matapi to see if there is pitu". The fisherman explains that matapi is the indigenous name given to the trap used to catch pitu. Made with palm tree fibers, it has a cylindrical shape, and two funnels at the ends. "The pitu enters the matapi through the funnel and cannot get out," said Isalino. In the middle of the trap there is a window where you put the bait and remove the pits that were caught. "The bait is a bundle made of babassu crumbs moistened with sebum" he said. Isalino explains that the ideal sites in the river to place the matapis are those of low current. He also says that it is common to sell them alive and, therefore, on the boat there is always a bucket or a cooler with water to store them. One of the Fisherman's customers is chef Flora, who buys the crustacean to prepare it according to her recipes in her restaurant. Reastaurante Flora is situated in the Igarapé community of Fortaleza, in Santana. A cook since the age of 13, Floraci Dias, also known as Flora, reveals that her specialty is pitu. "We roast it in the steam and have it with farofa d'água and soft pepper, stew with coconut milk and pieces of the baby fish, or the way tourists like best: In a stew with tucupi and jambu sauce" he said.

**TUCUMÃ ICE CREAM** (p. 274)

Tucumã is the fruit from a native palm that grows in open fields of the Amazon region. Oval and with yellow-greenish skin, it has orange and fibrous pulp. It is high in fat and in vitamin A. In Manaus tucumã can be found in bakeries served as X-caboclinho

– a sandwich made with bread, the fruit chips, and melted cheese – and in Macapá we can taste it as ice cream.

Sorveteria Doce Mão was founded in 1997 by former banker Simão Cardoso. He reveals that he learned the craft of ice cream with his father. "However, he did not make ice cream from regional fruits but from the best known fruits such as pineapple, mango, coconut and lime," said Simon. "I never understood why neither he nor anyone else would make Amazonian fruit ice cream, such as plum, açaí, bacuri, bacaba, and tucumã. Then I decided to buy my father's ice cream machine and make it," he said. During recipes tests, Simon realized that the ice cream made with fruit high in fat, such as the cabbage and tucumã, were quite tasty. "Another thing I learned was I should make ice cream in small quantities. Because the good ice cream is the fresh one," he concludes.

Simon says that tucumã is one of the flavors that sells the most. "When we created the ice cream, we told customers the food provided 20,000 units of betacarotene that turned into vitamin A after absorption by the human body. Until the day a doctor came here, tasted the ice cream, and liked it. Soon after, he began to recommend the ice cream for vitamin A deficient children. "Regarding the preparation of ice cream, Simon explains that one should wash and peel the tucumã before blending it with sugar and water in a blender. Then the mix goes to the ice cream machine for centrifugation and freezing. "It's very simple," he said. "The important thing is that the ice cream has the flavor of the fruit. And that taking it is like eating it from the tree."

**DERIVATIVES OF CASSAVA** (p. 276)

In the tiny village of Valdemar, 20 minutes from Macapá, several families live on the processing of cassava. In the flour mills, the tuber is ground into farinha-d'água flour, starch, tapioca, tucupi, and tapioca flour. Such products are sold in the capital's markets for the housewives or bars and restaurants. One of the families supported by the flour mills is the Eucinaldo Siqueira da Costa, mostly known as Pelado.

In Pelado's family each one has his/her role. "My brother Erinho is responsible for harvesting cassava, my mother is the one who peels and grates it, my father and I extract the gum and the tucupi, and my brother Edelson makes flour" he said. Pelado tells there are two types of cassava: the "mad" and the "mild" ones – also known as macaxeira. The difference between one and the other is the amount of hydrocyanic acid, which is much higher in the "mad" manioc and if consumed without being processed, it can cause nausea, diarrhea, seizure and even death by poisoning. "From the "mad" one we make flour and extract the tucupi and the gum; from the other one, we make cakes or we cook and eat with butter or molasses," said the farmer.

GUM, TUCUPI AND FARINHA-D'ÁGUA

Pelado tells that he starts processing the cassava by washing and peeling it. Part of the production goes to a bucket of water, where it will remain for a day or two to soften and ferment. The next step is to grate the cassava and squeeze the dough in the tipiti — a cylindrical instrument made of straw invented by Indians. The extracted juice goes to a bowl for decanting. Some time later, there is at the bottom a white mass. It is the gum, and the liquid covering it is tucupi. Pelado explains that the tucupi must be separated from the gum and rested overnight in a bucket before cooking it. Farinha-d'água is made from the mass of cassava in the tipiti. "My brother Bió is a good flour maker. He's ace," Pelado praises. "He is really agile toasting the flour. You have to be quick with the squeegee otherwise it burns." Concerning the characteristics of a quality flour, he explains it needs "standardized color, medium grain, and to be crunchy."

**TAPIOCA FLOUR** (p. 280)

Other product sold by Pelado's Family is the tapioca flour made from the dried cassava gum whose likeness resembles a mini-popcorn. To make it, you need to extract all the tucupi gum, washing it with water and decanting twice. Then the gum must be left to dry in the open air for two days. "Only then we make the flour," Pelado explained. "To put it in the pan it is necessary that the flour maker is even faster with the squeegee than when making farinha-d'água." While Pelado sprinkles gum in the pan, little by little, his brother Bió stirs the flour without stopping, to and fro. The process takes almost an hour under intense heat. "The meal is ready when the beans are quite loose and smoke cannot be seen coming out the pan," he said.

**TURTLE MEAT** (p. 286)

Since the days of colonial Brazil, turtle meat is consumed by the coastal people of the Amazon River. Due to the threat of extinction of some species of chelonian, as the tartaruga-da-amazônia, the Brazilian government was forced to criminalize its capture. However, in the mid-1990s, a federal law allowed the growing of turtles in captivity supervised by Ibama as an alternative income for business people and a way to combat the illegal trade of the animal. Lia Smith, regional manager of Ibama, in Amapá, says that despite the consumption of turtle grown in captivity being allowed, few Macapá citizens do. "You cannot find the meat of the turtle for sale. Only the living animal," he said. That is to say, if someone wants to taste it he or she must know how to put it down and process it. Lia explains that the mess is due to the absence of legalized turtle slaughterhouses in the state.

In the community of Mazagão, in Santana, a legal facility where they grow tartrugas-da-amazônia is managed by Durval Martins. "Many people think the animal is not dangerous. But the turtles have long nails, a strong jaw and believe me, they are very quick when they feel threatened," said Durval. He says that they can reach one meter in length and more than 70 pounds of weight. In front of the breeding tank, he places a net and captures several turtles. Then he chooses the largest and takes it to a shack where he seals the shell, indicating it is an animal legalized by Ibama.

The couple Solange and Morubixaba Batista have already owned a restaurant in Macapá, offering turtle on the menu. "Unfortunately, demand was very low," says Morubixaba. He tells he has learned to kill and prepare the turtle with his mother. "When I was a child growing up in the countryside, in Pará, my mother would take orders from families who wanted to serve turtle on party days. We always had a little left over." While the animal slaughter and the separation of the meat is the responsibility of Morubixaba, preparation is the responsibility of his wife Solange. "I will make three dishes: turtle stew with the meat from the forequarters and the hindquarters; stew with the meat that has bones and farofa made of the shell and the fat it releases," said the cook. Solange says turtle meat is "delicious. The color is pink, the flavor is delicate and, therefore, it demands little spice."

**MERCADO DE PESCADOS DO IGARAPÉ DAS MULHERES** (p. 292)

The neighborhood formerly known as Igarapé das Mulheres and currently known as Nossa Senhora do Perpétuo Socorro, is one of the oldest in the city. Then name is in reference to women who, in the 1940s, washed their clothes in the waters of the Amazon River, which borders the community. The place is currently known for housing families of fishermen who moor their boats in the vicinity of the biggest fish market in the capital of Amapá.

Established in 2013, the Fish Market is a large, airy, and tiled shed, with dozens of stands for the marketers to sell mainly fish

Farinha de tapioca
Macapá – AP

and seafood. Fisherman Manoel Pereira lists the available species of the day: "Today there is golden, filhote, yellow hake, tambaqui, curimatã, and matrinxã". He says his favorite fish is filhote, very greasy, it is a ray-finned fish similar to the catfish. "Every restaurant in Macapá serves filhote. You may find it in stews or fried to be tasted with açaí and tapioca flour," said Manoel.

In another area of the market, there is a giant plastic tub with water. Anaílton Santos says inside them there are pirapitingas swimming. "Here the customer can buy the fish alive," he said. Anaílton explains that pirapitinga reminds tambaqui, famous fish because of their long, fat and tasty ribs. It is usually made on the hearth and served in several restaurants and in the Northern Region. Near Anaílton's stand, fishmonger Marcelo Werneck 'ticks' a matrinxã. "To 'tick' is to make small cuts in the fish to break their spines and make it easier to cook," he explained. Further, there is a small fish, gray and husky which resembles a prehistoric species. Marketer Celso Lima introduces us to: "The tamatá, a typical fish of Amapá. To eat it, one has to take the scales off and open it in the middle. I like to prepare tamatá grilled and eat it with pepper and flour" he said.

### FARMERS' MARKET WITH WALT DISNEY (p. 296)

The Farmers' market is the main selling point of agricultural products in Amapá. The shed that houses the market was built by the state so that farmers would have space to sell products such as vegetable, fruit and flour. Located in the neighborhood of Buritizal, the fair is held weekly on Tuesdays, Thursdays, and Saturdays. Late afternoon is he busiest time, contrary to most markets whose largest customer traffic occurs earlier in the day. "Here great part of the sale is made to direct consumers. That's why there are more people at the end of the day because people come here on their way back home," said Walt Disney, co-owner and responsible for the restaurant purchases at Divina Arte.

Along with Mara Salles, chef at Tordesillas, in São Paulo, Disney circulates the halls showing the ingredients used in his establishment. In a stand with greenery, he introduces us to Dona Deusa, his Jambu provider. "Here in Macapá there was no jambu paraense, only a local jambu which is much mild. Then I brought jambu seeds so Dona Deusa could plant. She planted and it worked. Today, I only buy from her," says Disney. Besides this herb, the stand offers other types of vegetable such as vinegar, mastruz, basil, and cariru, plant with thick and waxy leaves that resembles ora-pro-nobis.

In another aisle of the market, a type of flour draws Mara Salles's attention. She asks Disney the name. "It is flour from the grater" he answered. The flour, which resembles grated coconut, is made of grated cassava. Mara says it reminds us of "those little spaghetti we see in children's soup. This flour should be very interesting in a broth." Later, the chef's attention turns to a stand of regional fruit. With a knife in hand, she peals inajá, a small, oval fruit, brown skin and orange flesh. As she tastes it, she says "it resembles coconut pulp. It is very delicate and with no acidity. Very good." Then Disney picks a fruit with orange peel and flesh: "This is the peach palm. It has to be cooked in salted water before being tasted. We like to eat it with a spoonful of butter and a sip of coffee," said Disney. Mara tastes the peach palm and says it resembles "sweet potato. And it is really good, you know?".

### RECIPE FRESH ARAPAIMA WITH AÇAÍ AND TAPIOCA FLOUR (p. 304)

Maria do Perpétuo Socorro is a cook since her childhood, when she made and sold sweets and finger food for parties. She has once been regional president of the Bar and Restaurant Association (ABRASEL) and is currently chef and owner at Divina Arte, restaurant in Macapá. Yield: individual

**INGREDIENTS:** 2 fresh arapaima fillets weighing about 100 g each, Salt to taste, Lime juice to taste, Wheat flour, Oil for frying, Açaí Berry, Tapioca flour.

**PREPARATION:** Season the arapaima fillets with salt and lime juice. Pass it on the wheat flour. Deep fry it in hot oil until it is golden brown. Remove it from the oil and place it on paper towels.

Place the açaí in a bowl and, on top, sprinkle tapioca flour. Serve the arapaima with the açaí bowl and some pieces of lime.

### RECIPE MIXED STEW OF PITU SHRIMP (p. 304)

Floraci Dias, born in Amapá and better known as Flora, learned to cook at the age of thirteen. She started her career as a cook selling fried fish in a small stove on the banks of a highway. With time and the increase in clientele, she inaugurated the restaurant Restaurante da Flora, in the municipality of Santana. Yield: 4 servings

**INGREDIENTS:** 500 g of pitu shrimp, 500 g of filhote – or another fish of your preference, 100 g of onion, 100 g of pepper, 100 g of tomato, 50 g of parsley, 10 g of garlic, 50 ml of oil, Coconut milk to taste, Black pepper and salt to taste, Lime juice to wash and season the fish.

**PREPARATION:** Cut the fish, wash it and place it in a marinade with salt and lime juice for 15 minutes. Wash the pitu in running water and set aside. Place a pan on the fire with olive oil. Sauté onion and garlic. Add 1 liter of water and, when it boils, add the pitu, the fish and the other ingredients. Simmer for 20 minutes over high heat. Immediately serve with white rice.

### RECIPE TURTLE FLOUR IN THE SHELL (p. 308)

Solange Batista is a cook in Macapá. Among her culinary skills, the preparation of turtle meat stands out. Currently, Solange is an instructor at Senac-AP and responsible for the Restaurante Café Amoré, in the capital of Amapá. Yield: 4 servings

**INGREDIENTS:** Clean shell of one tartaruga-da-amazônia, 500 g of toasted manioc flour, 1 diced small onion, 1 seeded diced tomato, 1 minced clove garlic, 4 chopped leaves of chicory, Chopped parsley, 1 chopped green pepper, 1 chopped yellow pepper, Salt to taste, Oil.

**PREPARATION:** Take the turtle shell to the hot oven for about half an hour to release the fat. Save it. Sauté onion, garlic, and pepper in olive oil, in a pan. Add the manioc flour and stir over low heat until it is crispy. Add the tomatoes, chicory and parsley. Adjust the salt. Place the flour in the turtle shell. Mix well so the fat released passes on to the flour. Bake for another 5 minutes and serve.

## Thanks (p. 313)

Because we traveled so much and mobilized so many people, it is impossible to thank all the collaborators of the Gastronomic Abundance Expedition. Over three months we interviewed dozens of people in many cities. To say our thanks to producers, cooks, historians, marketers and others, we would have to write another book. However, we could not fail to repay all the attention, care, and support we had from all the people who helped us in this gastronomic journey through Brazil. For this reason we decided to show our gratitude in the person of Mr. Antônio Lopes, fisherman and restaurant owner in the isolated island of Superagui, in the Pará coast. Mr. Lopes, who charmed us with his simplicity and warmth, is a symbol of the strength of being a Brazilian.

**Gastronomic Abundance Expedition Team**

Antônio Lopes

# AGRADECIMENTO

Pelo fato de termos viajado tanto e mobilizado tantas pessoas, é impossível agradecer a todos os colaboradores da Expedição Fartura Gastronomia. Ao longo de 3 meses, entrevistamos dezenas de pessoas em inúmeras cidades. Para dizer o nosso muito obrigado a produtores, cozinheiros, historiadores, feirantes e outros, teríamos que escrever outro livro. Porém, não poderíamos deixar de retribuir toda a atenção, o carinho e o apoio que tivemos de todas as pessoas que nos ajudaram nesta viagem gastronômica pelo Brasil. Por essa razão, resolvemos fazer o agradecimento na pessoa do Seu Antônio Lopes, pescador e dono de restaurante na isolada Ilha de Superagui, no litoral paranaense. Seu Lopes, que nos encantou com sua simplicidade e simpatia, é um símbolo da força do que é ser BRASILEIRO.

**Equipe da *Expedição Fartura Gastronomia***

MINISTÉRIO DA CULTURA, GOVERNO DE MINAS GERAIS E

APRESENTAM:
Fartura | Expedição Brasil Gastronômico

PATROCINADORES

COPATROCINADORES

APOIO EDUCACIONAL     APOIO

INCENTIVO

Projeto executado por meio da
Lei Estadual de Incentivo à Cultura de Minas Gerais

REALIZAÇÃO

Rua Tito, 479 • Vila Romana • São Paulo • SP • CEP: 05051-000 • Tel.: (11) 3874-0880

Editora Boccato (Gourmet Brasil) / CookLovers • Rua Italianos, 845 • Bom Retiro • São Paulo • SP • CEP: 01131-000 • Tel.: (11) 3846-5141